rowohlts
monographien
herausgegeben
von
Kurt Kusenberg

Bertolt Brecht

in Selbstzeugnissen
und Bilddokumenten
dargestellt von
Marianne Kesting

Rowohlt

Dieser Band wurde eigens für «rowohlts monographien» geschrieben
Den dokumentarischen Anhang bearbeitete Paul Raabe
Die Neubearbeitung der Bibliographie (1972) besorgte Helmut Riege
unter Mitarbeit von Manfred Nigbur, die Erweiterung (1982) Petra Seidel
Umschlagentwurf: Werner Rebhuhn
Vorderseite: Bertolt Brecht und Paul Dessau, 1955 (Willy Saeger)
Rückseite: Helene Weigel als Mutter Courage, den Zinnlöffel im Knopfloch
der mongolischen Jacke (Ullstein Bilderdienst, Berlin)

Veröffentlicht im Rowohlt Taschenbuch Verlag GmbH,
Hamburg, Dezember 1959
Copyright © 1959 by Rowohlt Taschenbuch Verlag GmbH, Hamburg
Alle Rechte an dieser Ausgabe vorbehalten
Gesetzt aus der Linotype-Aldus-Buchschrift
und der Palatino (D. Stempel AG)
Gesamtherstellung Clausen & Bosse, Leck
Printed in Germany
780-ISBN 3 499 50037 x

299.–307. Tausend August 1982

Inhalt

EINE BEGEGNUNG MIT BRECHT

> *Selbst die kleinste Handlung, scheinbar ein-*
> *fach*
> *Betrachtet mit Mißtrauen! Untersucht, ob es*
> *nötig ist*
> *Besonders das Übliche!*
> *Wir bitten euch ausdrücklich, findet*
> *Das immerfort Vorkommende nicht natürlich!*
> *Denn nichts werde natürlich genannt*
> *In solcher Zeit blutiger Verwirrung*
> *Verordneter Unordnung, planmäßiger Willkür*
> *Entmenschter Menschheit, damit nichts*
> *Unveränderlich gelte.*

Im Sommer 1954 luden mich Freunde Brechts ein, an seinem Theater in Ostberlin die Regiearbeit kennenzulernen. Tag für Tag saß ich in dem alten Schuppen, der damals dem Berliner Ensemble als Probe-bühne diente, und sah der Inszenierung des *Kaukasischen Kreidekreises* zu. Man trat ein durch einen barackenartigen Vorraum, in dem Picassos Friedenstaube und der Wagen der Mutter Courage aufge-baut waren: symbolisches Requisit; drinnen saß Brecht, umgeben von einer Schar junger Leute, in einem Ledersessel und führte Re-gie. Von kleiner Statur, angetan mit einem grauen sackartigen Anzug und einer Sportmütze auf dem Kopf, schien er auf den ersten Blick eine Mischung von Arbeiter und Sträfling, ein Eindruck, der sich erst verflüchtigte, wenn er, genießerisch an seiner Zigarre saugend, aufmerksam, heiter, eingreifend und verbessernd, fragend oder vor-machend, den Vorgängen auf der Bühne folgte. Dabei holte er immer Rat und Meinung der jungen Assistenten ein und ließ keinen Vor-schlag unausprobiert. Das war mehr als eine freundliche Geste: seine Art der Kollektivarbeit bestand darin, alle zu gleich wichtigen Mit-arbeitern an einer Sache zu machen. Diese Sache, die zunächst als eine des Theaters erschien, entpuppte sich sehr bald schon als ein Projekt von großem Umfang. Brecht inszenierte hier nicht nur seine eigenen Stücke, er setzte nicht nur seine Konzeption vom Theater in Praxis um, er errichtete auch, innerhalb des Theaters, einen ideal-kommunistischen Staat eigener Prägung. Auf einer Art selbstgewähl-ter Insel zwischen Ost und West saß Brecht und formulierte, mit Hilfe dieses Theaters, sein Modell der Welt. Er zeichnete eine Welt, wie es sie nirgends gibt, aber sie konnte plötzlich, auf überraschende Weise, unserer Welt gleichen. Ein Beispiel wurde gegeben: *in der leichtesten Weise der Existenz... der Kunst*, im dialektischen Spiel

Die Eltern der Mutter:

Josef Friedrich Brezing
(1842–1922)

Friederike Brezing,
geb. Gamerdinger (1838–1914)

zwischen Parabel, Utopie und Realität sollte die Möglichkeit einer Veränderung der Welt aufgezeigt werden. Für Brecht war die Grundlage dieser Veränderung der Zweifel am Bestehenden, ein Zweifel, der vom Grundsätzlichen bis in die verästeltsten Details der Darstellung ging. Mit jeder Geste auf der Bühne wurden Gewohnheiten durchbrochen, eingeschliffene Klischees fragwürdig gemacht, gewöhnliche Dinge in ungewöhnlicher Beleuchtung gezeigt. Es war ein großes und kräftiges Aufräumen. Von diesem Aufräumen sollte ich noch eine ganz persönliche Vorstellung bekommen.

Gegen Ende meines Aufenthaltes, als ich mit einem Zettel voller Fragen zu ihm kam, gewährte mir Brecht ein Gespräch, das er dazu benutzte, mir eine ganze Welt von Denkgewohnheiten zweifelhaft zu machen. Er war dabei von einer distanzierten, leicht zeremoniellen Höflichkeit. Vielleicht war er müde – er kam aus einer langen Sitzung –, aber er ließ sich rauchend in einem der vielen kuriosen Ledersessel nieder, von denen seine Wohnung strotzte und die eigens zu Gesprächen und Diskussionen dort aufgestellt schienen; er entzündete sich bald an Fragen, wurde lebhaft, interessiert, und schickte eine Provokation nach der anderen in den Raum, wobei seine runden schwarzen Augen aufblitzten; dann zog er sich mit einem dünnen meckernden Lachen hinter eine Rauchwolke zurück. Das Gespräch

*Die Eltern des Vaters: Karoline Brecht, geb. Wurzler
(1839–1919) und Stefan Berthold Brecht (1839–1917)*

ging um Realismus und Utopie auf der Bühne, die schauspielerische Praxis des V-Effekts, die Umerziehung des Publikums, die Frage von Engagement und Kunstgenuß, schließlich um die amerikanische Literatur und um westliche Vorstellungen von der DDR, die er bei mir vorzufinden glaubte. Nach diesem vielstündigen, sehr ungleichen Gedankenscharmützel meinte er wohl, mich wenigstens körperlich wieder auf die Beine stellen zu müssen mit Schinken, Weißbrot und Rotwein, den man, an einem weißgescheuerten Bauerntisch auf steifen Stühlen sitzend, schweigend zu sich nahm. Ich hatte dabei Gelegenheit, ein wenig um mich zu schauen. Brecht sah, sobald er nicht mehr diskutierte, sehr abgespannt aus. Seine gelbliche Gesichtsfarbe schien ungesund, sein Gesicht leicht gedunsen, die Augen müde. Er

*Der Vater: Berthold Friedrich Brecht
(1869–1939)*

aß und trank nur wenig. Mir schien für Augenblikke, es sei um ihn eine Atmosphäre grauer undurchdringlicher Einsamkeit.

Der Raum, in dem man saß, war altertümlich, einfach, mit knarrendem Holzboden, ein Raum, in dem vor allem gearbeitet und diskutiert wurde. Er enthielt keinen überflüssigen Gegenstand. Da waren Bauernmöbel und eigentümlich geformte Ledersessel, ganze Haufen von Zeitungen (vor allem westliche), Unmengen von Büchern, mehrere Schreibtische, ein Stehpult, Schreibmaschinen und technische Lampen, die man nach allen Seiten wenden konnte, keine Bilder, außer dem Rollbild eines chinesischen Weisen und einem kleinen, sehr privat anmutenden Photo von Lenin. – Von draußen blickten die Bäume des Dorotheenfriedhofs herein, auf dem er, wenige Jahre später, begraben werden sollte. Direkt unter dem Fenster, angrenzend an die Friedhofsmauer, sah man ein kleines Stück Rasen mit einer Bank und einem jungen Baum: Brechts Garten.

Es war Abend, und Brecht verabschiedete mich freundlich. Ich trottete durch den kurzen Hof, der das kleine Hinterhaus von dem großen Mietshaus an der Chausseestraße trennte, und fand, daß die Umgebung auf eigentümliche Art zu Brecht paßte. Eine sehr zerstörte Gegend, in der viel aufgebaut werden mußte. Da war der riesige düstere Bahnhof Friedrichstraße, die Spree mit den schwarzen Schleppkähnen, ein weiter Platz mit Trümmern und Löchern, in denen das Regenwasser stand; daran angrenzend das Theater am Schiffbauerdamm, in dessen stucküberladenem Innern Brecht seinen Halbvorhang flattern ließ und weitere Provokationen und Fragen in den Raum schickte und allerlei Zweifel weckte. Ein Einsamer auf einer Insel, der das Bedürfnis hatte, eine ganze Welt zu seinen Mitarbeitern zu machen?

Brechts Jugendzeit in Augsburg steht im Zeichen eines bedeutungs-
vollen Widerspruchs. Der konsequenteste Kritiker der Bourgeoisie
unter den deutschen Dichtern stammt nicht nur aus einem wohl-
situierten Elternhaus, er wuchs auch in einer Stadt auf, die, von al-
ters her, geradezu als ein Zentrum bürgerlichen Selbstbewußtseins
und biederen Gewerbefleißes gelten kann. Um die Jahrhundertwende
war die Zeit der großen Bankhäuser Fugger und Welser zwar schon
verblaßt; Augsburg entwickelte, im Schutze wilhelminischer Grün-
derjahre, eine emsige Kleinindustrie und gruppierte sie sorgfältig um

*Die Mutter Sophie
Brecht, geb. Bre-
zing (1871–1920)
mit ihren beiden
Söhnen*

Berthold Eugen (links) mit seinem Bruder Walter, 1902

die Zentren einer größeren Vergangenheit. Das ständische Bürgertum war zur Bourgeoisie geworden.

In Brechts Werk erscheint die Stadt Augsburg in einer paradoxen Spiegelung. Da sind eine Reihe asozialer Gestalten in düsteren Gassen und dumpfen Kneipen, da sind die Vorstädte und Gossen, der Jahrmarkt und vor allem die vielen Gräben und Teiche, deren Atmosphäre ihm noch in den letzten Lebensjahren merkwürdig deutlich war:

Vorbei an meinem väterlichen Haus führte eine Kastanienallee entlang dem alten Stadtgraben; auf der anderen Seite lief der Wall mit Resten der einstigen Stadtmauer. Schwäne schwammen in dem teichartigen Wasser. Die Kastanien warfen ihr gelbes Laub ab ...

Erinnerungen an das Elternhaus finden sich nirgendwo. Man kann es ablesen nur an den Protestreaktionen des jungen Brecht. Betrachtet man Photos von Brechts Vater, eines biederen und tüchtigen Direktors einer Papierfabrik, oder Bilder des kleinen Berthold Eugen, eines pfiffigen Bürschchens mit runden lebendigen Augen, in sauberem Matrosenkragen, so kann man sich des Gedankens nicht erwehren, daß Brechts fanatischer Haß auf die Bourgeoisie in diesem Elternhaus seine bestimmte Ursache haben müsse. Sein späterer Kommentar:

> *Ich bin aufgewachsen als Sohn*
> *Wohlhabender Leute. Meine Eltern haben mir*
> *Einen Kragen umgebunden und mich erzogen*
> *In den Gewohnheiten des Bedientwerdens*
> *Und unterrichtet in der Kunst des Befehlens. Aber*
> *Als ich erwachsen war und um mich sah,*
> *Gefielen mir die Leute meiner Klasse nicht,*
> *Nicht das Befehlen und nicht das Bedientwerden.*
> *Und ich verließ meine Klasse und gesellte mich*
> *Zu den geringen Leuten.*

Der Widerstand gegen die *Leute seiner Klasse* begann bald. Nicht nur, daß der Gymnasiast, der schon mit sechzehn Jahren erfolgreich Gedichte veröffentlichte – und zwar gleich in linksgerichteten Organen –, des Sonntags, wie man erzählt, mit baumelnden Beinen auf dem Geländer der Sonntagspromenade saß und sich über die vorbeiziehenden Bürger mokierte, er war auch gegen seine standesgemäßen Lehrer und deren Denkweise von aufsässiger Respektlosigkeit. Anekdoten aus Brechts Schulzeit geben darüber einige Aufschlüsse: So waren Brecht und einer seiner Freunde zum Ende des Schuljahres in der Versetzung gefährdet. Die Versetzung hing ab von einer Schlußarbeit, die bei beiden danebenging. Der Freund radierte, in verzweifeltem Entschluß, kurzerhand einige Fehler aus, ging zum Lehrer und verlangte eine bessere Zensur. Natürlich wurden die radierten Stellen entdeckt ... Brecht versuchte es mit einer anderen Methode, er strich einige Fehler mehr an, trat vor und fragte, was denn da falsch sei. Es mußte zugegeben werden, daß hier einige Fehler zuviel angestrichen waren. Brecht erhielt eine bessere Note und wurde versetzt. Schlauheit und das gewissermaßen politische Handeln seines Galilei, seines Azdak und seines Schweyk kündigen sich hier an zugleich mit einem Zweifel an der Autorität der Lehrer, der sich bald, in sehr nachdrücklicher Form, in einem Schulaufsatz über das Thema «Dulce et decorum est pro patria mori» äußerte. In welchem Sinne dieses Thema 1915, dem Jahr des ersten Kriegs- und Siegesrausches, abgehandelt werden sollte, bedarf keiner Frage. Man höre den jungen Brecht:

Der Ausspruch, daß es süß und ehrenvoll sei, für das Vaterland zu sterben, kann nur als Zweckpropaganda gewertet werden. Der Abschied vom Leben fällt immer schwer, im Bett wie auf dem Schlachtfeld, am meisten gewiß jungen Menschen in der Blüte ihrer Jahre. Nur Hohlköpfe können die Eitelkeit soweit treiben, von einem leichten Sprung durch das dunkle Tor zu reden, und auch dies nur, solange sie sich weit ab von der letzten Stunde glauben. Tritt der Knochenmann aber an sie selbst heran, dann nehmen sie den Schild auf den Rücken und entwetzen, wie des Imperators feister Hofnarr bei Philippi, der diesen Spruch ersann.

Es gibt einen kleinen Schulskandal. Brecht sollte relegiert werden; ihn rettete nur der Einspruch eines Lehrers, es handelte sich um ein verwirrtes Schülergehirn. Das «verwirrte Schülergehirn» hatte schon eine außerordentlich selbständige Art zu denken entwickelt. Es maß seine Umgebung mit seltsam dekouvrierendem Blick.

Im Jahre 1917 ließ Brecht die Schule hinter sich und schrieb sich als Medizinstudent an der Münchener Universität ein. Das Studium wurde bald unterbrochen. Als man im Frühjahr des letzten Kriegsjahres *die Siebzehnjährigen und die Greise* einzog, machte Brecht als Sanitäter Kriegshilfsdienst in einem Augsburger Lazarett. Er erinnerte sich später noch, daß ein Spruch im Volke umging: «Man gräbt die Toten aus.» Dieser Spruch inspirierte ihn wohl zu seiner *Legende vom toten Soldaten*, den der Kaiser ausgraben, kv schreiben und noch einmal den Heldentod sterben läßt – eine düstere und grimmige Ballade, die Brecht selbst in einer Münchner Kneipe vor Kriegsveteranen gesungen hat; sie sollen ihn daraufhin, mißverstehend, wem dieser scharfe Angriff gelte, mit Biergläsern traktiert haben ... Das Elend der Verkrüppelten im Augsburger Lazarett hat Brecht nie vergessen; von dieser Zeit datiert seine entschieden pazifistische Haltung, die er, ungeachtet der Einwürfe von Ost wie West, bis in seine letzten Lebensjahre beibehielt. Überhaupt treten zu dieser Zeit die charakteristischen Konturen des jungen Brecht klar hervor. Im Jahre 1918 schrieb er sein erstes Stück: *Baal*. Es ist konzipiert als Gegenstück zu «Der Einsame» von Hanns Johst. Dieser dramatischen Biographie des Dichters Grabbe, Produkt eines expressionistisch aufgeladenen und höchst zerfahrenen Geniekults, setzte Brecht, *zur Abreagierung bürgerlichen Heldenlebens*, die dramatische Biographie des *Baal* gegenüber, der, Wüstling, Säufer, Lyriker, Mörder und Vagabund, in den Fuhrmannskneipen Balladen und Moritaten singt, langsam immer mehr verkommt und schließlich in einer Holzfällerhütte verreckt. Als Vorbild dieser Figur, zu der auch die Dichter-Vagabunden Villon und Rimbaud Pate standen, gab Brecht *einen Joseph K. aus, das ledige Kind einer Waschfrau.*

1916

Er geriet früh in üblen Ruf. Ohne irgendwelche Bildung zu besitzen, soll er imstande gewesen sein, selbst wirklich gebildete Leute durch erstaunlich informierte Gespräche für sich einzunehmen. Mein Freund sagte mir, er habe durch die unvergleichliche Art, sich zu bewegen (im Nehmen einer Zigarette, beim Sich-setzen auf einen Stuhl und so weiter), auf eine Reihe von vornehmlich jüngeren Leuten einen solchen Eindruck gemacht, daß sie seine Art nachahmten. Jedoch sank er durch seinen unbedenklichen Lebenswandel immer tiefer, besonders weil er, ohne übrigens irgend etwas zu unternehmen, jede ihm gebotene Möglichkeit schamlos ausnutzte. Verschiedene dunkle Fälle, zum Beispiel der Selbstmord eines jungen Mädchens, wurden auf sein Konto gesetzt. Er war gelernter Monteur, arbeitete aber unseres Wissens niemals. Als der Boden für ihn in A. brennend wurde, zog er mit einem heruntergekommenen Mediziner ziemlich weit herum, kam aber dann wieder, etwa im Jahre 1911, nach A. zurück. Dort kam bei einer Messerstecherei am Lauterlech dieser Freund ums Leben, ziemlich sicher durch K. selbst. Er verschwand jedenfalls daraufhin fluchtartig aus A. und soll im Schwarzwald elend verstorben sein.

Daß Brecht diesen Joseph K. zum «Helden» seines Stückes machte, war nicht allein — gegenüber Johsts Grabbestück — grimmige Parodie; in dieser außergesellschaftlichen Figur romantisierte Brecht sich zugleich selbst, er setzte ihr einige autobiographische Lichter auf. Die Atmosphäre der Kneipen, Gassen, der finsteren Mansarden ist die seiner Vaterstadt Augsburg. Wie weit er Baals wüstes Treiben teilte, mag dahingestellt sein, jedenfalls führte er einige Jahre eine Art dichterisch anarchischer Dachkammerexistenz in den Lechauen; er hatte, wie in seinem ganzen Leben, eine Schar Freunde um sich, die er faszinierte; er übte große Anziehung auf Frauen aus — trotz seines schülerhaften Aussehens und seiner unmöglichen Kleidung; wie Baal pflegte er seine Balladen

1918

und Moritaten zur Klampfe in den Lechkneipen vorzutragen. Die Dachkammer war etwas absonderlicher eingerichtet als die Baals, der nur eine Waschschüssel und ein Bett darin hatte. Bei Brecht lag auf dem Tisch ein Totenschädel, neben dem Schreibtisch war die Partitur des «Tristan» aufgeschlagen. An der äußeren Tür waren *Zwölf Suren für meine Besucher* angeschlagen, die manchen vom Eintreten abgehalten haben sollen. Über dem Bett hing, von seinem Schulfreund Caspar Neher gemalt, das Bild des syrischen Erdgottes Baal. Für Brecht war dieser Erdgott, den er seiner gleichnamigen Dramenfigur einverleibt hatte, die Verkörperung einer Unersättlichkeit nach Leben und einer ganz diesseitigen Lebensfrömmigkeit eigener Art:

Als im weißen Mutterschoße aufwuchs Baal
War der Himmel schon so groß und still und fahl
Jung und nackt und ungeheuer wundersam
Wie ihn Baal dann liebte, als Baal kam.

Und der Himmel blieb in Lust und Kummer da
Auch wenn Baal schlief, selig war und ihn nicht sah:
Nachts er violett und trunken Baal
Baal früh fromm, er aprikosenfahl.
. . . .

Zu den feisten Geiern blinzelt Baal hinauf
Die im Sternenhimmel warten auf den Leichnam Baal.
Manchmal stellt sich Baal tot. Stürzt ein Geier drauf
Speist Baal einen Geier, stumm, zum Abendmahl.

Unter düstern Sternen in dem Jammertal
Grast Baal weite Felder schmatzend ab.
Sind sie leer, dann trottet singend Baal
In den ewigen Wald zum Schlaf hinab.
. . . .

Das Daseinsgefühl Baals ist das des jungen Brecht selbst – nicht nur des jungen Brecht. Die baalische Figur taucht noch in seinen späteren Stücken in allen möglichen Varianten auf:

Zwanzig Jahre nach der Niederschrift des «Baal» bewegte mich ein Stoff (für eine Oper), der wieder mit dem Grundgedanken des «Baal» zu tun hatte. Es gibt eine chinesische Figur, meist fingerlang, aus Holz geschnitzt und zu Tausenden auf den Markt geworfen, darstellend den kleinen dicken Gott des Glücks, der sich wohlig streckt. Dieser Gott sollte, von Osten kommend, nach einem großen Krieg in die zerstörten Städte einziehen und die Menschen dazu bewegen wollen, für ihr persönliches Glück und Wohlbefinden zu kämpfen. Er sammelt Jünger verschiedener Art und zieht sich die Verfolgung der Behörden auf den Hals, als einige von ihnen zu lehren anfangen, die Bauern müßten Boden bekommen, die Arbeiter die Fabriken übernehmen, die Arbeiter- und Bauernkinder die Schulen erobern. Er wird verhaftet und zum Tod verurteilt. Und nun probieren die Henker ihre Künste an dem kleinen Glücksgott aus. Aber die Gifte, die man ihm reicht, schmecken ihm nur, der Kopf, den man ihm abhaut, wächst sofort nach, am Galgen vollführt er einen mit seiner Lustigkeit ansteckenden Tanz usw. usw. Es ist unmöglich, das Glücksverlangen der Menschen ganz zu töten.

Auch der Volksrichter Azdak im *Kaukasischen Kreidekreis* hat einiges von der Unzerstörbarkeit des Glücksgotts: er bleibt im finstren Hin und Her des Bürgerkriegs der Überlebende. Sogar in *Galilei* lassen sich baalische Eigenschaften entdekken, über die noch zu reden sein wird. In letzter Verwandlung taucht der unzerstörbare Gott auf als Soldat Schweyk, der mit lakonischem Gleichmut die Schrekken des Hitlerregimes übersteht – eine Allegorie des Volks, *das nicht zu töten ist.* An diesen Verwandlungen wird deutlich, daß Baal, so anarchisch er sich gebärden mag, keineswegs nihilistisch ist, sondern von einem kreatürlichen Daseinsüberschwang, selbst in

Finsternis und Verbrechen noch von unvernichtbarem Lebenswillen:

BAAL: *Ich kämpfe bis aufs Messer. Ich will noch ohne Haut leben, ich ziehe mich noch in die Zehen zurück. Ich falle wie ein Stier: Ins Gras, da, wo es am weichsten ist. Ich schlucke den Tod hinunter und weiß von nichts.*

Brechts erste Gedichtsammlung, die er *Die Hauspostille* nannte und, die Luthersche parodierend, in *Bittgänge, Exerzitien, Chroniken* und *Die kleinen Tagzeiten der Abgestorbenen* einteilte, ist ganz von diesem Daseinsgefühl durchtränkt. Die baalischen Figuren tauchen hier auf als wilde Abenteurer und Seeräuber, die *schön wie noble Tiere* leben *im weichen Wind, im trunknen Blau* und noch sterbend in *Hunger, Fieber und Gestank,* mit letzter Kraft einen wilden Lebenshymnus anstimmen – als Branntweintrinker, in allerlei

Der junge Brecht in Augsburg, 1922

Schauerballaden *leicht vertiert und feierlich*. Sie sind von demselben ruhigen Gleichmut Baals, der *weite Felder schmatzend* abgrast, von derselben kreatürlichen Unbekümmertheit:

> *Ich füllte mich mit schwarzen Asphalttieren*
> *Ich füllte mich mit Wasser und Geschrei*
> *Mich aber ließ es kalt und leicht, mein Lieber*
> *Ich blieb ganz ungefüllt und leicht dabei.*

Das Einbeziehen von Finsternis, Fäulnis und Verwesung in den Lobpreis des Lebens rückt Brecht nahe an die Todes- und Verfalls-mystik der deutschen Barocklyrik, deren dichterische Formen er be-nutzt, um ihre religiöse Sehnsucht ins Diesseitige zu verkehren. Bei

19

Brecht ist alles ganz irdisch, bewußt unmetaphysisch, erreicht aber durchaus die schwere Wucht und den großen Gestus seiner Vorbilder:

Lobet die Nacht und die Finsternis, die euch umfangen!
Kommet zuhauf
Schaut in den Himmel hinauf:
Schon ist der Tag euch vergangen.

Lobet das Gras und die Tiere, die neben euch leben und sterben!
Sehet, wie ihr
Lebet das Gras und das Tier
Und es muß auch mit euch sterben.

Lobet den Baum, der aus Aas aufwächst jauchzend zum Himmel!
Lobet das Aas
Lobet den Baum, der es fraß
Aber auch lobet den Himmel.

Lobet von Herzen das schlechte Gedächtnis des Himmels!
Und daß er nicht
Weiß euren Nam' noch Gesicht
Niemand weiß, daß ihr noch da seid.

Lobet die Kälte, die Finsternis und das Verderben!
Schauet hinan:
Es kommet nicht auf euch an
Und ihr könnt unbesorgt sterben.

Das Gefühl des kreatürlichen Einsseins mit den Liebes- und Sterbeprozessen der Natur führte Brecht zum Thema vom Tod und Vergehen im Wasser, das, angeregt durch Baudelaire und Rimbaud, sich als «Wasserleichenpoesie» durch die gesamte expressionistische Lyrik zieht. In der *Hauspostille* erhält es eine besondere Wendung. Das Gedicht *Vom Schwimmen in Seen und Flüssen* läßt ahnen, daß dieses Einssein mit dem Wasser zu den persönlichen Erlebnissen des jungen Brecht gehört haben muß:

Im bleichen Sommer, wenn die Winde oben
Nur in dem Laub der großen Bäume sausen
Muß man in Flüssen liegen oder Teichen
Wie die Gewächse, worin Hechte hausen.

Der Leib wird leicht im Wasser. Wenn der Arm
Leicht aus dem Wasser in den Himmel fällt
Wiegt ihn der kleine Wind vergessen
Weil er ihn wohl für braunes Astwerk hält.

Der Himmel bietet mittags große Stille.
Man macht die Augen zu, wenn Schwalben kommen.
Der Schlamm ist warm. Wenn kühle Blasen quellen
Weiß man: ein Fisch ist jetzt durch uns geschwommen.
Mein Leib, die Schenkel und der stille Arm
Wir liegen still im Wasser, ganz geeint
Nur wenn die kühlen Fische durch uns schwimmen
Fühl ich, daß Sonne überm Tümpel scheint ...

Wenig später objektiviert sich dieses noch baalische Erleben in der Figur der Ophelia, die *von den Bächen in die größeren Flüsse* hinunterschwimmt und zuletzt *Aas in den Flüssen mit vielem Aas* wird. Die *ertrunkenen Mädchen* sind die Geliebten Baals, Himmel und Wasser sind ihnen freundlich, *während Gott sie allmählich vergaß.*

In dem Augenblick, wo Gott seine Kreaturen vergißt, sind sie aus der Erbsünde entlassen, sie geraten wieder in den Stand der ursprünglichen Unschuld.

In Brechts absurden Balladen und Moritaten taucht Jakob Apfelböck auf, der, ungerührt, Leben vernichtet und nicht weiß warum, der seine Eltern erschlägt und im Wäscheschrank verfaulen läßt:

Und als sie einstens in den Schrank ihm sahn
Stand Jakob Apfelböck in mildem Licht
Und als sie fragten, warum er's getan
Sprach Jakob Apfelböck: Ich weiß es nicht.

Aber auch die Kindesmörderin Marie Ferrar, die, wie Brecht in seinem Vorwort zur *Hauspostille* betont, *das Gemüt des Gerichts durch ihre Unschuld und menschliche Unempfindlichkeit* erregte. Dieses Gedicht, eines der stärksten der Sammlung, nimmt schon entschieden Stellung für die Geschlagenen und Getretenen, die auch leben wollen, und die, von Gott vergessen, im Stand der Unschuld, plötzlich zu einer bitteren Anklage gegen die Gesellschaft werden. In der *Liturgie vom Hauch* kündigt sich die Rache dieser «Unteren», kündigt sich die soziale Revolution an. Von hier war es nicht mehr weit zur politischen Aggression. Brecht verlegte diese Aggression bald in sein ureigenstes Gebiet, das Theater. Noch als Student übernahm er, im Jahre 1919, die Theaterkritik am «Augsburger Volkswillen» und begann, in kühner und geharnischter Sprache, mit einem erbarmungslosen Aufräumen, das sich nicht nur auf die Zustände des Provinztheaters seiner Vaterstadt richtete – sie waren ihm nur Symptom einer größeren und grundsätzlicheren Misere:

Ihr habt immer gemeint, das sei was, aber ich sage euch: es ist nichts als ein Skandal, das, was ihr hier seht, ist euer vollkommener Bankrott, eure Dummheit ist es, die hier öffentlich demonstriert wird, eure Denkfaulheit und eure Verkommenheit.

Es blieb nicht beim kritischen Protest. Brecht hatte, geschult an seinen Vorbildern Büchner und Wedekind, seine positive Konzeption vom Theater schon erstaunlich klar im Kopf. Und diese Konzeption schloß nicht nur formale Neuerungen ein, sie war politisch. Im Jahre 1919 schrieb er sein Stück *Spartakus*. Zu jener Zeit bewohnte Brecht noch seine Dachkammer in der Bleichstraße und pendelte vorläufig zwischen München und Augsburg hin und her. Er absolvierte zwar auch sein Studium, bewegte sich aber vor allem in Münchens Literatur- und Theaterkreisen. So erschien er, eingeführt durch Walter Mehring, eines Tages in Trude Hesterbergs «Wilder Bühne», «still, bleich und mit Pickel», wie die Hesterberg erzählt, und trat dort mehrmals mit seinen Balladen und Moritaten auf, die er eigenartig und faszinierend vorzutragen wußte; er gehörte einem literarischen Kreis im Café Stephanie an und tat auch zuweilen als «Geräuschemacher» in Karl Valentins Theater mit. Vor allem aber nahm er Kontakt mit Lion Feuchtwanger auf. «Um die Jahreswende 1918/19, bald nach Ausbruch der sogenannten deutschen Revolution», so erzählt Feuchtwanger später, «kam in meine Münchener Wohnung ein sehr junger Mensch, schmächtig, schlecht rasiert, verwahrlost in der Kleidung. Er drückte sich an den Wänden herum, sprach schwäbischen Dialekt, hatte ein Stück geschrieben, hieß Bert Brecht...» Das Stück war *Spartakus*. Er sollte es bald selbst an den Münchener Kammerspielen unter dem Titel *Trommeln in der Nacht* inszenieren. Mit dieser Komödie, für die er 1922 durch Herbert Ihering den Kleist-Preis erhielt, rückte Brecht in die erste Reihe der modernen Dramatiker. Eine ganz neue Auffassung vom Theater kündigt sich an:

Diese Komödie wurde in München vor folgenden Kulissen gespielt: Hinter den etwa zwei Meter hohen Pappschirmen, die Zimmerwände darstellten, war die große Stadt in kindlicher Weise aufgemalt. Jeweils einige Sekunden vor dem Auftauchen Kraglers glühte der Mond rot auf. Die Geräusche wurden dünn angedeutet. Die Marseillaise wurde im letzten Akt durch ein Grammophon gespielt. Der dritte Akt kann, wenn er nicht fliegend und musikalisch wirkt und das Tempo beschwingt, ausgelassen werden. Es empfiehlt sich,

Karl Valentin

im Zuschauerraum einige Plakate mit Sprüchen wie JEDER MANN
IST DER BESTE IN SEINER HAUT oder GLOTZT NICHT SO RO-
MANTISCH *aufzuhängen.*

   Die Sprüche im Zuschauerraum, in deutlicher Absicht des épater
le bourgeois angebracht, enthielten zugleich einen Angriff auf die

Lion Feuchtwanger

Wirklichkeitsidentifikation der naturalistischen Bühne. Durch allerlei *Verfremdungen* wie das Aufglühen des roten Monds, das dünne Andeuten der Geräusche, die Marseillaise auf dem Grammophon, übertrug Brecht die Vorgänge auf eine parabolische Ebene und betonte das Spiel als Spiel: *Es ist gewöhnliches Theater. Es sind Bretter und ein Papiermond... Glotzt nicht so romantisch!*

Es gelang hier Brecht eine verblüffende Zeichnung des deutschen Kleinbürgers, einmal in der Darstellung der Familie Balicke, der geschäftemachenden Kriegsgewinnler mit ihrer verlogenen Mentalität, dann in dem Heimkehrer Kragler, der seine Braut von einem andern geschwängert vorfindet, und, statt sich dem Spartakusaufstand anzuschließen, der in derselben Nacht «seine Sache» verficht, mit ihr ins Bett geht, um «Privatleben» zu führen:

KRAGLER: *Fast ersoffen seid ihr in euren Tränen über mich, und ich habe nur mein Hemd gewaschen mit euren Tränen! Mein Fleisch soll im Rinnstein verwesen, daß eure Idee in den Himmel kommt? Seid ihr besoffen?...*

Ich hab's bis zum Hals! Es ist gewöhnliches Theater. Es sind Bretter und ein Papiermond und dahinter die Fleischbank, die allein ist leibhaftig... Sie haben ihre Trommeln liegenlassen... Der halbe Spartakus oder Die Macht der Liebe. Das Blutbad im Zeitungsviertel oder Jeder Mann ist der beste Mann in seiner Haut... Entweder mit dem Schild oder ohne den Schild... Der Dudelsack pfeift, die armen Leute sterben im Zeitungsviertel, die Häuser fallen auf sie, der Morgen graut, sie liegen wie ersäufte Katzen auf dem Asphalt, ich bin ein Schwein, und das Schwein geht heim...

24

Es ist kein Zweifel, daß der junge Brecht, noch aus dem *Lebens-willen um jeden Preis* des Baal, einige Sympathie mit dem Soldaten Kragler verbindet, der hier seine Lebensinteressen verteidigt – eine Sympathie, die er später verurteilt hat:

Die «normale», d. h. konventionelle Führung der Fabel hätte dem aus dem Krieg kehrenden Soldaten, der sich der Revolution an-schließt, weil sein Mädchen sich anderweitig verlobt hat, entweder das Mädchen zurückgegeben oder endgültig verweigert, in beiden Fällen jedoch den Soldaten in der Revolution belassen. In «Trom-meln in der Nacht» bekommt der Soldat Kragler sein Mädchen zu-rück, wenn auch «beschädigt», und kehrt der Revolution den Rük-ken. Dies erscheint geradezu die schäbigste aller möglichen Varian-ten, zumal da auch noch eine Zustimmung des Stückschreibers ge-ahnt werden kann.

Diese Sympathie mit dem getretenen Kragler verweigert er aller-dings der Familie Balicke, die er kalt und ordinär, skrupellos und geschäftstüchtig zeichnet – eine beißende Satire speziell in der Ver-lobungsszene. In Brechts gesamtem Werk finden sich solche dekou-vrierenden Hochzeits- oder Verlobungsszenen, wo, bei der Begrün-dung der bürgerlichen Existenz, katastrophale oder makabre Situa-tionen überspielt werden. Der Film *Kuhle Wampe*, die *Dreigroschen-oper*, *Der gute Mensch von Sezuan* oder *Der Kaukasische Kreide-kreis* bieten Beispiele solcher Hochzeitsszenen. Die lakonische Ironie, die ans Absurde grenzenden Situationen berühren sich unmittelbar mit der Darstellungsart des großen Münchener Komikers Karl Va-lentin, den Brecht, zeit seines Lebens, als eines seiner großen Vor-bilder verehrte. Unmittelbar unter Valentins Einfluß entstanden zur Münchener Zeit drei Einakter: *Lux in Tenebris*, *Er treibt den Teufel aus* und vor allem *Die Hochzeit*, die wieder ein kleinbürgerliches Hochzeitsessen schildert, in dessen zeremoniellem, mit Bibelsprü-chen und Banalitäten gewürztem Verlauf der morsche Untergrund überspielt wird: die Braut erwartet bereits ein Kind, der Bräutigam engagiert sich anderweitig, die Möbel sind nicht bezahlt – kurz, nichts ist am rechten Ort. Zur szenischen Demonstration fallen, im Verlauf der Handlung, die Möbel auseinander, und schließlich kracht im Dunkeln das Bett zusammen. Brecht erweist sich in diesem als der größere Vorgänger Eugène Ionescos, der allein mit dieser Art «Kleinbürger-Enthüllung» in parabolischer Form, die nur einen ge-ringen Teil der Brechtschen Dramatik ausmacht, sein gesamtes Theater betreibt.

Die volkstümliche Sprache, Drastik und Realistik der Darstellung, durchtränkt mit gleichnishaften und absurden Momenten, die große Rolle des Mimischen und Pantomimischen, der sichtbaren Vorgänge,

«Im Dickicht der Städte». Uraufführung im Münchner Residenztheater, 1923.

die auch das spätere Theater Brechts, zumal in seiner Regie, charakterisieren, kündigen sich hier an. Valentins Volkstheater wurde nicht blindlings nachgeahmt, vielmehr verfolgte Brecht nur gewisse Tendenzen der Darstellung weiter, die ihn schon in den volkstümlichen Szenerien der Augsburger Jahrmarktspanoramen gefesselt hatten, nämlich die Übertragung der Situation ins szenisch gleichnishafte Bild:

Die Einflüsse der Augsburger Vorstadt müssen wohl auch erwähnt werden. Ich besuchte häufig den alljährlichen Herbstplärrer, einen Schaubudenjahrmarkt auf dem «kleinen Exerzierplatz» mit der Musik vieler Karusselle und Panoramen, die krude Bilder zeigten wie «Die Erschießung des Anarchisten Ferrer zu Madrid» oder «Nero

Von rechts: Maria Koppenhöfer, Erwin Faber

betrachtet den Brand Roms» oder *«Die Bayrischen Löwen erstürmen die Düppeler Schanzen»* oder *«Flucht Karls des Kühnen nach der Schlacht bei Murten».* Ich erinnere mich an das Pferd Karls des Kühnen. Es hatte enorme, erschrockene Augen, als fühle es die Schrekken der historischen Situation.

Eine ähnliche Absicht, nämlich die Transposition des geschichtlichen Hintergrundes in die theatralische Darstellung, bewegte Brecht in seiner Inszenierung und Bearbeitung von Marlowes «Leben Eduards des Zweiten», die er, zusammen mit Lion Feuchtwanger, für die Münchener Kammerspiele unternahm. Seit der Niederschrift von *Trommeln in der Nacht* war er sich der Zusammenhänge geschichtlicher und privater Ereignisse bewußt; bald sollte er, wie er überspitzt formuliert, den Menschen als *Ensemble gesellschaftlicher Verhältnisse* auffassen und es sich zur Aufgabe machen, diese Verhältnisse darzustellen. Die Historie Marlowes bedeutete auf diesem Wege nur einen Übergang. Aber es muß ihn noch etwas anderes an der tragischen Geschichte Eduards des Zweiten interessiert haben, der in seiner Leidenschaft zu dem Metzgerssohn Gaveston sich und sein Reich zugrunde richtet: das Thema der homosexuellen Hörigkeit, das Brecht in den folgenden Jahren mehrmals in verschiedener Form behandeln sollte. Einmal erschien es in der *Hauspostille* als *Ballade von der Freundschaft*, dann in einer Flibustiergeschichte *Bargan läßt es sein*, die 1921 im «Neuen Merkur» abgedruckt wurde und durch die unkonventionelle Drastik der Darstellung Aufsehen erregte, schließlich im *Dickicht der Städte*, einem der eigenartigsten und verschlüsseltsten Stücke Brechts – eigentlich ein erstes «absurdes Theater»; in der Darstellung eines «Zustandes an sich» rückt Brecht in die Nähe der Adamovschen Dramatik:

In diesem Stück wird um bürgerliches Erbe mit teilweise unbürgerlichen Mitteln ein äußerster, wildester, zerreißender Kampf geführt. Es war die Wildheit, die mich an diesem Kampf interessierte, und da in diesen Jahren (nach 1920) der Sport, besonders der Boxsport mir Spaß bereitete, als eine der «großen mythischen Vergnügungen der Riesenstädte von jenseits des großen Teiches», sollte in meinem neuen Stück ein «Kampf an sich», ein Kampf ohne andere Ursache als den Spaß am Kampf, mit keinem anderen Ziel als der Festlegung des «besseren Mannes» ausgefochten werden. Hinzufügen muß ich, daß mir damals eine merkwürdige historische Vorstellung vorschwebte, eine Menschheitsgeschichte in Vorgängen massenhafter Art von bestimmter, eben historischer Bedeutung, eine Geschichte immer anderer, neuer Verhaltensarten, die da und dort auf dem Planeten gesichtet werden konnten.

In meinem Stück sollte diese pure Lust am Kampf gesichtet werden. Schon beim Entwurf merkte ich, daß es eigentümlich schwierig war, einen sinnvollen Kampf, d. h. nach meinen damaligen Ansichten, einen Kampf, der etwas bewies, herbeizuführen und aufrechtzuerhalten. Mehr und mehr wurde es ein Stück über die Schwierigkeit, einen solchen Kampf herbeizuführen. Die Hauptpersonen trafen diese und jene Maßnahme, um zu Griff zu kommen ... Am Ende entpuppte sich tatsächlich der Kampf den Kämpfern als pures Schattenboxen; sie konnten auch als Feinde nicht zusammenkommen.

Hier wird durchsichtig, daß die homosexuelle Hörigkeit nur Motiv einer anderen Thematik ist. An Shlinks Leidenschaft zu dem jungen Garga, einer Liebe in der unendlichen Entfremdung, die zum Kampf eines gegen den anderen wird, behandelt Brecht die unauflösliche Einsamkeit des Menschen im Dschungel der großen Städte. Es ist, in Brechts Werk, der Ausbruch der großen Kälte der menschlichen Beziehungen:

SHLINK: *Die unendliche Vereinzelung des Menschen macht eine Feindschaft zum unerreichbaren Ziel. Aber auch mit den Tieren ist eine Verständigung nicht möglich.*

GARGA: *Die Sprache reicht zur Verständigung nicht aus.*

SHLINK: *Ich habe die Tiere beobachtet. Die Liebe, Wärme aus Körpernähe, ist unsere einzige Gnade in der Finsternis! Aber die Vereinigung der Organe ist die einzige, sie überbrückt nicht die Entzweiung der Sprache. Dennoch vereinigen sie sich, Wesen zu erzeugen, die ihnen in ihrer trostlosen Vereinzelung beistehen möchten. Und die Generationen blicken sich kalt in die Augen. Wenn ihr ein Schiff vollstopft mit Menschenleibern, daß es birst, es wird eine solche Einsamkeit sein, daß sie alle gefrieren. Hören Sie denn zu, Garga? Ja, so groß ist die Vereinzelung, daß es nicht einmal einen Kampf gibt . . .*

Im Frühwerk Brechts verbirgt sich diese *unendliche Vereinzelung* in einer Reihe asozialer Gestalten, Vagabunden und Außenseiter, die in abenteuerlicher Gelassenheit und *ohne Bedauern* sehen, *wie die große Sintflut über die bürgerliche Welt hereinbricht* und ihre Virginias über dem rauchenden Scheiterhaufen ausklopfen. Das berühmte Selbstporträt *Vom armen B. B.* weist ebenfalls diese Züge auf:

Ich, Bertolt Brecht, bin aus den schwarzen Wäldern.
Meine Mutter trug mich in die Städte hinein
Als ich in ihrem Leibe lag. Und die Kälte der Wälder
Wird in mir bis zu meinem Absterben sein.

In der Asphaltstadt bin ich daheim. Von allem Anfang
Versehen mit jedem Sterbesakrament:
Mit Zeitungen. Und Tabak. Und Branntwein.
Mißtrauisch und faul und zufrieden am End.

Ich bin zu den Leuten freundlich. Ich setze
Einen steifen Hut auf nach ihrem Brauch.
Ich sage: es sind ganz besonders riechende Tiere
Und ich sage: es macht nichts, ich bin es auch.

In meine leeren Schaukelstühle vormittags
Setze ich mir mitunter ein paar Frauen
Und ich betrachte sie sorglos und sage ihnen:
In mir habt ihr einen, auf den könnt ihr nicht bauen.

Zeichnung
von Sebba

Gegen abends versammle ich um mich Männer
Wir reden uns da mit «Gentlemen» an.
Sie haben ihre Füße auf meinen Tischen
Und sagen: es wird besser mit uns. Und ich frage nicht:

wann?

Gegen Morgen in der grauen Frühe pissen die Tannen
Und ihr Ungeziefer, die Vögel, fängt an zu schrein.
Um die Stunde trink ich mein Glas in der Stadt aus und
schmeiße
Den Tabakstummel weg und schlafe beunruhigt ein.

Wir sind gesessen ein leichtes Geschlechte
In Häusern, die für unzerstörbare galten
(So haben wir gebaut die langen Gehäuse des Eilands Man-
hattan
Und die dünnen Antennen, die das Atlantische Meer unter-
halten).

Von diesen Städten wird bleiben: der durch sie hindurchging,
der Wind!
Fröhlich machet das Haus den Esser: er leert es.
Wir wissen, daß wir Vorläufige sind
Und nach uns wird kommen: nichts Nennenswertes.

Bei den Erdbeben, die kommen werden, werde ich hoffentlich
Meine Virginia nicht ausgehen lassen durch Bitterkeit
Ich, Bertolt Brecht, in die Asphaltstädte verschlagen
Aus den schwarzen Wäldern, in meiner Mutter, in früher Zeit.

Brecht bewegt sich hier nicht nur in unmittelbarer Nähe von Samuel Beckett; vielmehr hat er dessen Thematik einfach vorwegge-
nommen. Die absolute Isoliertheit, Kontaktlosigkeit in einer ent-
leerten Welt, die sich auf den Untergang vorbereitet, die Figur des
gesellschaftlichen Außenseiters, der *an seinen Eltern fremd vorüber-
geht*, sich *den Hut ins Gesicht zieht* und dem alles gleichgültig ist,
taucht bei beiden auf. Nur daß Brechts Figuren von jenem ungeheu-
ren baalischen Lebenswillen getragen werden und auf alle Fälle in
den *Erdbeben, die da kommen*, überleben möchten, während Becketts
Figuren sich nichts sehnlicher wünschen als auszulöschen. Bei Brecht
nahm die Darstellung dieser Thematik an einem bestimmten Punkte,
nachdem er sie mit fatalistischer Gebärde eine Weile vorgetragen
hatte, eine anklägerische Wendung. Eine Zeitlang aber liefen Anklage und zynische Bejahung der chaotischen Zustände dicht nebenein-
ander: *Das Chaos ist aufgebraucht. Es war die beste Zeit.*
So behandelt z. B. sein durchaus anklägerisches Stück *Mann ist
Mann* mit dem Untertitel *Die Verwandlung des Packers Galy Gay
in den Militärbaracken von Kilkoa im Jahre 1925* die Auslöschung
der Individualität, und zwar in einer Weise, die schon eine präzise
marxistische Interpretation erlaubt. Das Stück zeigt, in Parabelform,
wie der Packer Galy Gay zum imperialistischen Soldaten umgewan-
delt wird; er läßt sich, wie Brecht sagt, *über Nacht uns zum Schlächter machen:*

URIA: *Man macht zuviel Aufhebens mit Leuten. Einer ist keiner.*
Über weniger als zweihundert zusammen kann man gar nichts
sagen. Eine andere Meinung kann natürlich jeder haben. Ein ruhi-
ger Mann kann ruhig noch zwei oder drei andere Meinungen
übernehmen.

JESSE: *Mich kann man auch am Arsch lecken mit Charakterköpfen.*

POLLY: *Was wird er aber sagen, wenn wir ihn in den Soldaten Jeraiah*
Jip verwandeln?

URIA: *So einer verwandelt sich eigentlich ganz von selber. Wenn ihr*
den in einen Tümpel schmeißt, dann wachsen ihm in zwei Tagen
zwischen den Fingern Schwimmhäute. Das kommt, weil er nichts
zu verlieren hat.

Zu seiner Umwandlung verführt wird Galy Gay durch die Vor-
täuschung eines Geschäfts. Dieses Stück ist eine eklatante Anklage.
Die Realität der Parabel, die Einbettung des «ausgelöschten» Indi-
viduums in das falsche Kollektiv, sollte Hitler bald darauf demon-
strieren... Aber zu gleicher Zeit schrieb Brecht einen erstaunlichen
Text, der die Entindividualisierung, die er in *Mann ist Mann* unter
Anklage stellt, durchaus zu bejahen scheint:

Ich glaube, die Oberfläche hat eine große Zukunft. In den kulti-
vierten Ländern gibt es keine Mode. Es ist eine Ehre, den Vorbildern
zu gleichen. Ich freue mich, daß in den Varietés die Tanzmädchen
immer mehr gleichförmig aufgemacht werden. Es ist angenehm, daß
es viele sind und daß man sie auswechseln kann.

Vor seiner Übernahme der marxistischen Geschichtsinterpretation
läßt sich dieses Schwanken zwischen «reiner» und anklägerischer
Darstellung der Zustände mehrfach beobachten. Erst der Marxismus
liefert ihm die Handhabe, diese Zustände unter konkrete Anklage
zu stellen und sie ändern zu wollen.

Mann ist Mann ist, als erstes von Brechts Dramen, ein Lehrstück.
Es hat die Form einer These und ihres Beweises:

Herr Bertolt Brecht behauptet: Mann ist Mann.
Und das ist etwas, was jeder behaupten kann.
Aber Herr Bertolt Brecht beweist auch dann,
Daß man mit einem Mann beliebig viel machen kann.

Der Beweis wird anhand einer Parabel geführt. Diese Form ist
sicherlich vom humanistischen Schuldrama der Reformationszeit
nicht unbeeinflußt, das seinen Parabeln ein Argumentum vorausge-
hen ließ und sich zum Schluß mit einem Resümee an die Zuschauer
wendete. Brecht ging nun endgültig auch zum rein parabolischen

«Mann ist Mann». Berliner Staatstheater, 1931.
Theo Lingen, Alexander Granach und Wolfgang Heinz

1926

Aufführungsstil über, wie er heute im modernen französischen Theater Adamovs und Ionescos die Regel geworden ist.

Jene Ausdrucksmittel, die schon den jungen Brecht auf den Panoramen des Augsburger Jahrmarktes interessierten, werden nun ganz
bewußt auch in den schauspielerischen Stil übernommen.

*Bei der Berliner Aufführung des Lustspiels «Mann ist Mann»,
eines Stückes vom Parabel-Typus, wurden ungewöhnliche Mittel
angewendet. Die Soldaten und der Sergeant erschienen vermittels
Stelzen und Drahtbügeln als besonders große und besonders breite
Ungeheuer. Sie trugen Teilmasken und Riesenhände. Auch der Packer
Galy Gay verwandelte sich ganz zuletzt in ein solches Ungeheuer.*

Mit *Mann ist Mann* schließt die erste Gruppe von Brechts Stücken ab. Eine neue Dramaturgie und ein neuer Aufführungsstil sind vorgeformt, das Thema ist angeschlagen. In einem späteren Aufsatz *Bei Durchsicht meiner Stücke*, der diese fünf Stücke in nahem Zusammenhang sieht – *vier davon Polemiken, eines eine Kopie, gierige Reminiszenz an eine glücklichere dramatische Ära*, definiert er als das gemeinsame Thema das *Hereinbrechen der Sintflut über die bürgerliche Welt: Erst ist da noch Land, aber schon mit Lachen, die zu Tümpeln und Sunden werden; dann ist nur noch das schwarze Wasser weithin, mit Inseln, die schnell zerbröckeln.*

BERLIN

Bis zum Jahre 1920 pendelte Brecht immer noch als Student der Medizin zwischen Augsburg und München hin und her, nach dem Tod seiner Mutter siedelte er ganz nach München über und mietete für sich und die Augsburger Sängerin Marianne Zoff, die er im November 1922 heiratete, ein Zimmer in der Akademiestraße. Inzwischen hatte er Kontakt mit Berliner Verlagen aufgenommen. Die Aufführung von *Trommeln in der Nacht* an den Münchener Kammerspielen sicherte ihm die Beachtung weiter literarischer Kreise, vor allem aber der Berliner Theaterkritik. So fuhr er im Frühjahr 1922 nach Berlin, um mit Verlagen und Theatern zu verhandeln. Er erschien auf literarischen Tees und lernte bei Otto Zareck, dem Redakteur des Berliner Tageblattes, den jungen Arnolt Bronnen kennen, der gerade in jenem Jahr seine ersten Theatererfolge in Berlin feierte. Bronnen zeigte sich fasziniert von der seltsamen Erscheinung des jungen Brecht, der, mit krächzender Stimme, eigenartig und scharf skandierend, seine Balladen vortrug. Wenige Tage später, so erzählt Bronnen, kam Brecht zu ihm und erbot sich, die Regie des «Vatermords» an Moriz Seelers «Junger Bühne» zu übernehmen. Bronnen stimmte zu. Was sich ergab, war ebenso grotesk wie symptomatisch für die Auseinandersetzung des jungen Brecht mit dem herrschenden Schauspielstil. Bronnen hat darüber berichtet.

«Ich saß neben Brecht im dunklen, leeren Zuschauerraum und erschauerte, wenn da oben der gerade den höchsten Ruhmes-Gipfeln zujagende George stand und meine Worte sprach. Doch Brecht trieb den keuchenden, japsenden Koloß von der Rampe, zerhackte unerbittlich jedes nur expressiv herausgeschleuderte, aber nicht vorgedachte, vorartikulierte Wort. Bei der Straub deckte er hartnäckig jede falsche Nuance auf, er verekelte sie sich und mir. Das ging so

35

Probe für Probe, und bei jeder Probe waren sich die Beteiligten einig, daß es die letzte gewesen wäre. Und doch kam es so weit, daß Seeler die Premiere ankündigen konnte, einmal, dann wurde verschoben, dann noch einmal, aber dann war es endgültig aus. In einem letzten großen Tumult wirbelte George seine Rolle von der Bühne bis in die fünfzehnte Reihe hinunter, und die Straub ging mit Weinkrämpfen ab. Brecht gratulierte mir mit jenem Sarkasmus, der immer einen Triumph bei ihm verschleierte: ‹Mit denen wäre es nie was geworden.›»

Im Persönlichen sehr zurückhaltend, fast schüchtern, war Brecht unbeirrbar scharf und selbstsicher, wenn es um künstlerische Auffassung ging; hier war ihm jede Autorität gleichgültig. Bronnen: «Da standen oben ... die gewaltigen Leiber einer Agnes Straub und eines Heinrich George ... und herein kam dieser dünne, kaum mittelgroße Augsburger und sagte ihnen dürr und präzise artikulierend, daß alles, was sie machten, Sch ... wäre.»

Zwar lebte Brecht sparsam, fast asketisch, hielt sich, wie man erzählt, an die Löffelerbsen und die Brötchen à discretion bei Aschinger, aber er konnte sich in Berlin nicht halten. Seine Einkünfte waren zu gering. So reiste er wieder nach München auf sein möbliertes Zimmer und verfaßte für seinen Freund und Förderer, Herbert Ihering, folgenden lakonischen Lebenslauf:

Ich habe das Licht der Welt im Jahr 1898 erblickt. Meine Eltern sind Schwarzwälder. Die Volksschule langweilte mich 4 Jahre. Während meines 9jährigen Eingewecktseins an einem Augsburger Realgymnasium gelang es mir nicht, meine Lehrer wesentlich zu fördern. Mein Sinn für Muße und Unabhängigkeit wurde von ihnen unermüdlich hervorgehoben. Auf der Universität hörte ich Medizin und lernte das Gitarrespielen. In der Gymnasiumszeit hatte ich mir durch allerlei Sport einen Herzschock geholt, der mich mit den Geheimnissen der Metaphysik bekannt machte. Während der Revolution war ich als Mediziner an einem Lazarett. Danach schrieb ich Theaterstücke, und im Frühjahr dieses Jahres wurde ich wegen Unterernährung in die Charité eingeliefert. Arnolt Bronnen konnte mir mit seinen Einkünften als Kommis nicht entscheidend unter die Arme greifen. Nach 24 Jahren Licht der Welt bin ich etwas mager geworden.

Nach der Inszenierung *Eduards des Zweiten* an den Münchener Kammerspielen nahm dieses ungesicherte Dasein ein Ende. Er bekam zusammen mit Carl Zuckmayer ein Dramaturgenangebot von Reinhardt und übersiedelte nun endgültig nach Berlin in eine Atelierwohnung der Spichernstraße.

Ein scharfgeschnittenes Gesicht mit tiefliegenden runden Augen, kurzgeschorenes Haar, die Zigarre im Mundwinkel, angetan mit

Ledermütze, Monteurjacke und Sporthemd – so betrat Brecht die Szene Berlins. Dieses Auftreten hatte durchaus etwas Theatergemäßes. Es war eine Figur, und wo er ging und stand bildete sich eine Bühne. Bronnen bemerkte später, ein wenig bösartig, Brecht sei immer ein Schauspieler gewesen, «daher seine Theaternähe». Man darf solch einen Ausspruch nicht mißverstehen. Brecht war alles andere als theatralisch oder unwahrhaftig, aber er besaß einen sicheren Instinkt für Charakteristik und Plastizität des Gestus, für die Maske. Und er verwandelte sich und seine Umgebung gern in ein kleines Brecht-Szenarium. Aus der Berliner Zeit gibt es die Beschreibung einer Brecht-Vorführung von Willy Haas: «Das Seltsamste: eine schäbige kleine Drahtbrille, wie man sie in Berlin gar nicht mehr bekam. Sie hätte zu einem Schulmagister in Wunsiedel gepaßt. Mit großer Sorgfalt zog er sie aus einem Futteral, wenn er lesen wollte, putzte sie, stülpte sie sich über die Ohren und versorgte sie nachher ebenso sorgfältig wieder in seiner Brusttasche.» Das ist zweifellos eine kleine Szene. Brechts Kleidung, seine Art, sich zu bewegen, zu schreiben, der saloppe Stil, den er pflegte – *die füsse untern tisch, den tabak in die nase und eine freche fotze geführt. solchen müssen alle dinge zum besten dienen* – gehören mit zu der Rolle.

Natürlich bedarf die Rolle auch eines aufnehmenden Publikums. Brecht war ständig umgeben von einer Schar Anhänger. Seine Arbeit entstand vor allem in der Diskussion, sie brauchte das lebendige Gegenüber in der Debatte. Bronnen: «Brecht spazierte, behaglich an seiner Zigarre schmauchend, durchs Zimmer, hörte sich dabei Argumente und Gegenargumente von Dutzenden von Leuten an, witzelte, zwinkerte und blieb doch unbeirrbar auf seiner Linie.

Arnolt Bronnen. Gemälde von Rudolf Schlichter

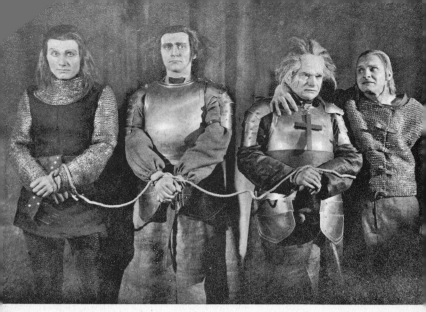

*«Das Leben Eduards II. von England», nach Christopher Marlowe. Erstauf-
führung an den Münchener Kammerspielen, März 1924, mit Erwin Faber
in der Hauptrolle*

Er ritt seinen Gedanken weiter, bis er ihn, großartig formuliert,
gleich vor einem Miniatur-Publikum seiner stets anwesenden dienst-
baren Geister diktierte. Sein Hirn schien mir ein tintenfischähnliches
Saugorgan, sich ständig mit Polypen-Armen Material zuwachelnd.»

Diese höchst eigenartige Arbeitsweise, die er bis in seine letzten
Lebensjahre beibehielt, war die Grundlage seiner Art der Kollektivarbeit. Was das «Kollektiv» beisteuerte, waren Stoff und Gegenar-
gument; es machte zudem den Zuschauer und ließ sich in brechtischer
Weise formen und einsetzen.

Man saß nicht nur zusammen in Brechts Atelier, sondern traf
sich, wie damals üblich, bei Schwanecke, Schlichter und im Roma-
nischen Café, wo Benn, George Grosz und die Gebrüder Herzfelde
zu Brechts engerem Kreis gehörten. Neben Theaterleuten, Literaten
und Malern war Brecht besonders gern mit Menschen zusammen, die
nicht zu seinem Fach gehörten, ausgesprochen nichtintellektuellen
Existenzen, für die er schon in seiner Augsburger Zeit besondere
Vorliebe gezeigt hatte. Er freundete sich mit dem Mittelgewichts-

champion Paul Samson-Körner an und schrieb mit ihm in «Kollektivarbeit» eine Kurzgeschichte *Der Kinnhaken*.

Die Vorliebe für die Praxis und die Praktiker des künstlerischen und des wirklichen Lebens, die Ablehnung des «rein Geistigen», äußerte sich nicht nur in Brechts Umgangs. Als man ihn, nach Erscheinen seiner *Hauspostille*, zum Lyrikpreisrichter der «Literarischen Welt» machte, gab es eine ganz unerwartete Reaktion. Er entschied, daß *keinem* der eingesendeten Gedichte der Preis zuzusprechen sei. Hier habe er eine Art von Jugend kennengelernt, schrieb er, auf deren Bekanntschaft er mit größtem Gewinn verzichtet hätte. Er entdeckte *Sentimalität, Unechtheit und Weltfremdheit. Das sind ja wieder diese stillen, feinen, verträumten Menschen, empfindsamer Teil einer verbrauchten Bourgeoisie, mit der ich nichts zu tun haben will... Lyrik muß zweifelsohne etwas sein, was man ohne weiteres auf den Gebrauchswert untersuchen muß. Alle großen Gedichte haben den Wert von Dokumenten.*

Baden-Baden 1927:
Bert Brecht und Heinrich Burkard

Ähnlich eine Stellungnahme zu Stefan George, die, ebenfalls in der «Literarischen Welt» abgedruckt, neben den Ehrungen Walter Benjamins und Stefan Großmanns, folgenden Wortlaut hatte:

Er hat wohl einen Haufen von Büchern in sich hineingelesen, die nur gut eingebunden sind, und mit Leuten verkehrt, die von Renten leben. So bietet er den Anblick eines Müßiggängers statt den vielleicht erstrebten eines Schauenden. Die Säule, die sich dieser Heilige ausgesucht hat, ist mit zuviel Schlauheit ausgesucht, sie

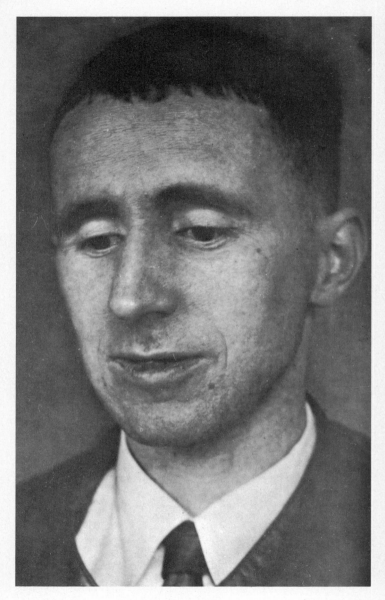

1926

steht an einer zu volkreichen Stelle, sie bietet einen zu malerischen Anblick.

Dem jungen Brecht, der Boden unter den Füßen wünschte, war die esoterische Geistigkeit Georges ebenso zuwider wie die ekstatischen Gefühlsräusche der expressionistischen Lyriker, gegen die sich schon *Baal* wendete. Wenn Brecht den Gebrauchswert der Kunst betonte, so meinte er damit, daß sie sich mit den sozialen und politischen Fragen auseinanderzusetzen habe, die ihm so brennend und ungelöst schienen.

Brecht tendierte wie ehedem nach «links», er «sympathisierte», wie viele Intellektuelle, ohne jedoch eine klare Linie eingeschlagen zu haben. Aber nun begann er, in Abendkursen, ein gründliches und ernsthaftes Studium des Marxismus. Später hat er oft behauptet, dieses Studium habe ihn zehn Jahre und 40 000 Mark gekostet. – Seine Werke jener Jahre zeichnen noch eine Übergangsperiode. In der *Dreigroschenoper* z. B. gibt sich Brecht zwar ausgesprochen sozialkritisch, aber keineswegs konsequent marxistisch; er ist überhaupt nicht einheitlich in der Tendenz. In seiner Bearbeitung der im Jahre 1920 in London mit großem Erfolg wiederaufgeführten «Beggars Opera» von John Gay stellte Brecht eine Reihe provokanter Songs zusammen, teils parodistischen, teils anarchischen Inhaltes, mischte auch einige Balladen Villons unter, die, wie seine eigenen, meist nur in lockerem Zusammenhang mit dem Text stehen, und man muß annehmen, daß es Brechts Privatspaß war, sie zu verwenden – seine persönliche Verehrung für den Vaganten und Dichter Villon, die er damals übrigens mit einer ganzen Anzahl Zeitgenossen teilte. Tucholskys Bemerkung in der «Weltbühne» trifft durchaus zu, wenn er schreibt, Brecht plakatiere in der *Dreigroschenoper* keine Überzeugung. «Es würde ihm auch schwerfallen, denn die seine ist nicht zu eruieren.» Insofern ist der Irrtum der bürgerlichen Kritik, welche die dargebotenen Songs nicht als gesellschaftliche Anklage, sondern für die baren Ansichten des amoralischen Brecht nahm, durchaus zu begreifen. Eine desillusionierte Nachkriegsjugend hatte ihr Vergnügen an den klingenden Zynismen und klatschte Beifall, das Bürgertum fühlte sich ein wenig provoziert, die Marxisten waren enttäuscht. Im *Dreigroschenfilm* und im *Dreigroschenroman* hat Brecht später die revolutionäre Tendenz deutlicher hervortreten lassen. Der sensationelle Erfolg der *Dreigroschenoper*, der Brechts Namen weit über Deutschland hinaustrug, beruht darauf, daß es ihm gelang, in einer theatralisch außerordentlich wirkungsvollen Mischung von parodistischer Handlung und Songs gleichsam einen Extrakt der «roaring twenties» zu brauen, zündend, frech und von kaltschnäuziger Brillanz. Bedeutend war daran die Ummün-

*«Der Kinnhaken»: Der deutsche Boxer Paul Samson-Körner
und Brecht, 1926*

zung von theatralischen Mitteln des Musicals in Mittel der Sozialkritik. Bedeutend war auch der Versuch einer neuen Spielweise.

Das neugegründete «Theater am Schiffbauerdamm» hatte, unter
der Leitung von Ernst Josef Aufricht, die *Dreigroschenoper* als
Eröffnungspremiere angesetzt und eine Reihe erster schauspieleri-
scher Kräfte engagiert: Erich Ponto, Rosa Valetti, Roma Bahn, Kate
Kühl, Harald Paulsen, Kurt Gerron, Ernst Busch, und schließlich

debütierte Lotte Lenya, die Frau Kurt Weills, als Jenny. Die Regie übernahm Erich Engel, natürlich unter der Oberregie Brechts, was der Programmzettel verschwieg. Wie sonst auch, gab es zunächst unendliche Schwierigkeiten mit den Schauspielern, denen Brecht die «übliche» Spielweise austrieb. Aber jetzt scheiterte er nicht, wie bei der Inszenierung des «Vatermords»; das glänzende Ensemble ging schließlich auf Brechts Absichten ein, zweifelnd und unter Protesten. Aber der überraschende und überwältigende Erfolg gab Brecht recht. Von jetzt an stand das «Theater am Schiffbauerdamm» mit seinen Kräften für Brechts Experimente zur Verfügung.

Zu den stärksten Szenen der *Dreigroschenoper* gehören die Schilderungen kleinbürgerlicher Mentalität, die, in der Londoner Unterwelt, zu skurriler Komik gediehen. Die übrigens von Gay übernommene Gleichung von High Society und Verbrecherwelt – bei Brecht: Bürgertum und Verbrecherwelt – verschärfte die Parodie, ohne daß sich jemand wirklich getroffen fühlte. Der Bandit Maceath z. B. läßt zu seiner im Pferdestall stattfindenden Hochzeit mit Polly Peachum Stilmöbel klauen, wünscht von seiner Bande eine *stimmungsvolle*

Der Kritiker
Alfred Kerr

Darbietung und hält feierliche Tischreden. Brechts Kommentar macht deutlicher, was gemeint ist:

Der Räuber Maceath ist vom Schauspieler darzustellen als bürgerliche Erscheinung. Die Vorliebe des Bürgertums für Räuber erklärt sich aus dem Irrtum: ein Räuber sei kein Bürger. Dieser Irrtum hat als Vater einen anderen Irrtum: ein Bürger sei kein Räuber... Was die intime Seite betrifft, so schätzt er (Mac) seine regelmäßigen und mit pedantischer Pünktlichkeit eingehaltenen Besuche in einem bestimmten Turnbridger Kaffeehaus hauptsächlich, weil sie Gewohnheiten sind, die zu pflegen und mehren beinahe das Hauptziel seines eben bürgerlichen Lebens darstellt...

Die Schauspieler sollten es vermeiden, diese Banditen als eine Rotte jener traurigen Individuen mit roten Halstüchern hinzustellen, die die Rummelplätze beleben, und mit denen kein anständiger Mensch ein Glas Bier trinken würde. Es sind natürlich gesetzte Männer, teil-

Aus dem Film «Die Dreigroschenoper». Carola Neher, Rudolf Forster

44

weise beleibt und ohne
Ausnahme außerhalb ihres
Berufes umgänglich...

Maceaths Absicht, von
der Straßenräuberei in das
Bankfach überzuwechseln,
führt gegen Ende die *Dreigroschenoper* aus der Pa-
rodie in eine realistischere
Ebene der Aggression.
*Was ist ein Dietrich ge-
gen eine Aktie*, belehrt
Mac seine Bande, *Was ist
ein Einbruch in eine Bank
gegen die Gründung einer
Bank. Was ist die Ermor-
dung eines Mannes gegen
die Anstellung eines Man-
nes.*

Der große Erfolg der
Dreigroschenoper sollte
für Brecht noch ein Nach-
spiel haben. Seinem Erz-
feind, dem Theaterkritiker
Alfred Kerr, war nicht ent-
gangen, daß Brecht ohne
Namensnennung die Vil-
lon-Verse in der Überset-
zung von K. L. Ammer
übernommen hatte. Brecht
gab zu diesem «Plagiat-
versuch» folgende, viele
Leute entsetzende Erklä-
rung ab:

*Eine Berliner Zeitung
hat spät, aber doch noch
bemerkt, daß in der Kie-
penheuerschen Ausgabe
der Songs der Dreigro-
schenoper neben dem Na-
men Villon der Name des
Übersetzers Ammer fehlt,
obwohl von meinen 625*

«Die Dreigroschenoper», Theater am Schiffbauerdamm, 1928. Von links nach rechts: Erich Ponto, Roma Bahn, Harald Paulsen, Kurt Gerron

Versen tatsächlich 25 mit der ausgezeichneten Übertragung Ammers identisch sind. Es wird eine Erklärung verlangt. Ich erkläre also wahrheitsgemäß, daß ich die Erwähnung des Namens Ammer leider vergessen habe. Das wiederum erkläre ich mit meiner grundsätzlichen Laxheit in Fragen geistigen Eigentums.

Laxheit in Fragen geistigen Eigentums konnte man Brecht in der Folgezeit noch öfters vorwerfen, denn er hat immer wieder fremde Stoffe bearbeitet und dichterische Methoden aus aller Welt übernommen, aber alles in so unverwechselbar Brechtisches verwandelt, daß dieser Vorwurf absurd ist. Geistiges als Privateigentum anzusehen, ist eine Auffassung allerjüngsten Datums. Shakespeare oder die antiken Tragiker haben sie nicht gekannt, und Brecht hat sie nie gelten lassen, wie er die gesellschaftliche Basis, der diese Ansicht entstammt, nicht anerkannte. Für ihn war alles bereits Formulierte lediglich Stoff, den man brauchen konnte und durfte. Mit seinem eigenen «geistigen Eigentum» verfuhr Brecht nicht anders als mit fremdem. Vom Beginn der Herausgabe der *Versuche* an lag ihm sogar daran, die tatsächliche Autorschaft zu verbergen; seine eigenen Ideen gab er in der Folgezeit oft genug als die seiner Mitarbeiter aus und entsprach damit seiner Überzeugung, daß der *romantische Gedanke individueller Schöpfung heute ein Irrtum sei.*

Die moderne Arbeitsteilung hat auf vielen wichtigen Gebieten das Schöpferische umgeformt. Der Schöpfungsakt ist ein kollektiver Schöpfungsprozeß geworden, ein Kontinuum dialektischer Art, so daß die isolierte ursprüngliche Erfindung an Bedeutung verloren hat.

Um den Plagiatsprozeß um die Ammersche Übersetzung der Villon-Texte *ad absurdum* zu führen, fügte Brecht einigen Songs der *Dreigroschenoper,* die durchaus eigener Erfindung waren, die Anmerkung *Nach Kipling* bei, veranlaßte ferner, daß die Villon-Übersetzung K. L. Ammers, die nur in einem kleinen Privatdruck erschienen war, neu herausgegeben wurde, und ließ ihr folgendes Sonett vorangehen:

> *Hier habt ihr aus verfallendem Papier*
> *noch einmal abgedruckt sein Testament,*
> *in dem er Dreck schenkt allen, die er kennt —*
> *wenn's ans Verteilen geht: schreit, bitte «hier!»*
>
> *Wo ist euer Speichel, den ihr auf ihn spiet?*
> *Wo ist er selbst, dem eure Buckel galten?*
> *Sein Lied hat noch am längsten ausgehalten,*
> *doch wie lang hält es wohl noch aus, sein Lied?*

Hier, anstatt daß ihr zehn Zigarren raucht,
könnt ihr zum gleichen Preis es nochmals lesen
(und so erfahren, was ihr ihm gewesen ...)

Wo habt ihr Saures für drei Mark bekommen?
Nehm jeder sich heraus, was er grad braucht!
Ich selber hab mir was herausgenommen ...

In Brechts nächstem Stück *Happy End,* das der *Dreigroschenoper* als eine *dramatisierte Magazingeschichte* unter dem Pseudonym Dorothy Lane folgte, verschwand die in der *Dreigroschenoper* immerhin noch spürbare soziale Aggression ganz in dem rein kabarettistischen Vergnügen. Brecht arrangierte ein kleines, mit köstlichen Songs ausgeschmücktes Treffen zwischen Heilsarmee und Gangsterwelt. Bei den Gangstern geht es, wie in der *Dreigroschenoper,* durchaus kleinbürgerlich zu. Aber wenn der Chef der Bande, Bill Cracker, in der Heilsarmee, aufs tiefste gerührt durch die Bekehrungen, z. B.

das Lied *In der Jugend goldnem Schimmer* hören möchte und später dort Harmonium spielt, so kann man darin beim besten Willen keine Sozialkritik sehen.

Mit *Mahagonny*, der dritten «Oper», wurde Brecht marxistisch konkret und formulierte, in Parabelform, eine negative Utopie der kapitalistischen Gesellschaft: Es wird eine Stadt Mahagonny gegründet, in der man für Geld *alles haben kann*. Ohne Geld aber wird man dem elektrischen Stuhl überliefert:

> *Darum wirst du zum Tode verurteilt, Paule Ackermann.*
> *Wegen Mangel an Geld*
> *Was das größte Verbrechen ist*
> *Das auf dem Erdenrund vorkommt.*

Kurz vor seiner Hinrichtung, nach seiner absurden Verurteilung durch das Mahagonny-Gericht, das, wie der Titel zu dieser Szene lehrt, *nicht schlechter als andere Gerichte* ist, bricht Paule Ackermann in die Klage aus:

> *Jetzt erkenne ich: als ich diese Stadt betrat, um mir mit Geld*
> *Freude zu kaufen, war mein Untergang besiegelt. Jetzt sitze ich*
> *hier und habe doch nichts gehabt, Ich war es, der sagte: Jeder*
> *muß sich ein Stück Fleisch herausschneiden, mit jedem Messer.*
> *Da war das Fleisch faul. Die Freude, die ich kaufte, war keine*
> *Freude, und die Freiheit für Geld war keine Freiheit. Ich aß*
> *und wurde nicht satt, ich trank und wurde durstig. Gebt mir*
> *doch ein Glas Wasser!*

Hier wird das neutestamentarische Gleichnis vom reichen Mann in der Hölle umgedeutet.

Mahagonny spielt in einem durch Kipling inspirierten, halb satirisch, halb romantisch-exotischen Milieu. Es wird nacheinander vorgeführt, vielmehr abgehandelt: Fressen, Lieben, Boxen, Saufen, nicht ohne innere Zustimmung Brechts, der die Devise *Ein Mann soll immer das tun, wozu er Lust hat*, die er schon vorher in seiner Novelle *Der Kinnhaken* behandelt hat, von Paule Ackermann in der Taifun-Nacht verkünden läßt. Aber dieser berechtigte Lebenswille führt in den großen Betrug Mahagonny. In einer Welt, in der man um grundsätzliche Lebensrechte betrogen wird, muß etwas falsch sein. Und darum läßt Brecht eine parabolische Gerichtsszene zwischen Gott und den Männern von Mahagonny, welche zur Rechenschaft wegen ihrer Sünden gezogen werden sollen, zugunsten der Männer ausgehen:

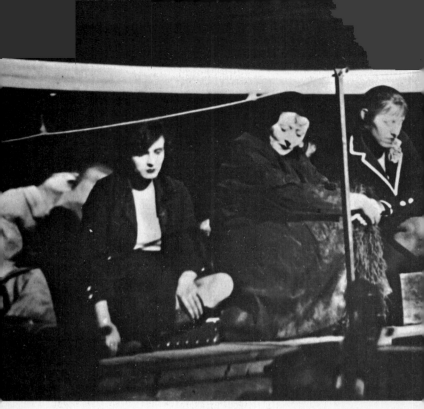

«Aufstieg und Fall der Stadt Mahagonny».

An einem grauen Vormittag
Mitten im Whisky
Kam Gott nach Mahagonny
Mitten im Whisky
Bemerkten wir Gott in Mahagonny.

Sauft ihr wie die Schwämme
Meinen guten Weizen Jahr für Jahr?
Keiner hat erwartet, daß ich käme
Wenn ich komme jetzt, ist alles gar?
Ansahen sich die Männer von Mahagonny.
Ja, sagten die Männer von Mahagonny.

Berlin, Theater am Kurfürstendamm, 1931

Lachet ihr am Freitag abend?
Mary Weemann sah ich ganz von fern
Wie 'nen Stockfisch stumm im Salzsee schwimmen.
Sie wird nicht mehr trocken, meine Herrn.
Ansahen sich die Männer von Mahagonny.
Ja, sagten die Männer von Mahagonny.

Kennt ihr diese Patronen?
Schießt ihr meinen guten Missionar?
Soll ich wohl mit euch im Himmel wohnen
Sehen euer graues Säuferhaar?
Ansahen sich die Männer von Mahagonny.
Ja, sagten die Männer von Mahagonny.

Gehet alle zur Hölle!
Steckt jetzt die Virginien in den Sack!
Marsch mit euch in meine Hölle, Burschen
In die schwarze Hölle mit euch Pack!
Ansahen sich die Männer von Mahagonny.
Nein, sagten die Männer von Mahagonny.

Rühre keiner den Fuß jetzt!
Jedermann streikt. An den Haaren
Kannst du uns nicht in die Hölle ziehen:
Weil wir immer in der Hölle waren.
Ansahen sich die Männer von Mahagonny.
Nein, sagten die Männer von Mahagonny.

In *Mahagonny* findet sich eines der schönsten Gedichte Brechts, das noch ganz von jenem baalischen Einssein mit den Elementen bestimmt ist. Brecht begrenzt es nun durch ein Milieu, er läßt es von Paul und Jenny in der *Bar* singen:

Sieh jene Kraniche in großem Bogen!
Die Wolken, welche ihnen beigegeben
Zogen mit ihnen schon, als sie entflogen
Aus einem Leben in ein andres Leben.
In gleicher Höhe und mit gleicher Eile
Scheinen sie alle beide nur daneben.
Daß so der Kranich mit der Wolke teile
Den schönen Himmel, den sie kurz befliegen
Und keines länger hier verweile
Und keines andres sehen als das Wiegen
Des andern in dem Wind, den beide spüren
Die jetzt im Fluge beieinander liegen.
So mag der Wind sie in das Nichts entführen
Wenn sie nur nicht vergehen und sich bleiben
Solange kann sie beide nichts berühren
Solange kann man sie von jedem Ort vertreiben
Wo Regen drohen oder Schüsse schallen.
So unter Sonn und Monds wenig verschiedenen Scheiben
Fliegen sie hin, einander ganz verfallen.
Wohin ihr?
    Nirgendhin.
        Von wem davon?
            Von allen.

Brecht führt das Lied zu dem desillusionierenden Schluß:

Ihr fragt, wie lange sind sie schon beisammen?
Seit kurzem.
Und wann werden sie sich trennen?
Bald.
So scheint *die Liebe Liebenden ein Halt.*

In der Goldstadt Mahagonny bedeutet auch die Liebe nur ein kurzes Zudecken der wahren Situation, die genau in jenes aussichtslose Nichts mündet, dessen Beschreibung sich heute Samuel Beckett angelegen sein läßt.

Wo immer du hingest
Es nützt nichts.
Wo du auch seist
Du entrinnst nicht.
Am besten wird es sein
Du bleibst sitzen
Und wartest
Auf das Ende.

Auch die beckettsche *Auflösung des Daseins* nimmt Brecht in *Mahagonny* vorweg.

Unter unsern Städten sind Gossen.
In ihnen ist nichts und über ihnen ist Rauch.
Wir sind noch drin. Wir haben nichts genossen
Wir vergehen rasch und langsam vergehen sie auch.

Wie im *Lesebuch für Städtebewohner* ist diese Beckett-Welt aber schon unter anklägerische Vorzeichen gestellt und definiert. Und damit war für Brecht auch die Möglichkeit einer Änderung der unhaltbaren Situation gegeben. Die Aufforderung zur Änderung sollte nicht mehr lange auf sich warten lassen.

War die *Dreigroschenoper* ein aufsehenerregender öffentlicher Erfolg, so wurde *Mahagonny* in der Leipziger Uraufführung zu einem ziemlichen Skandal. Diesmal fühlte man sich wirklich provoziert, was übrigens nicht hinderte, daß die Songs in der Schallplattenindustrie, genau wie die der *Dreigroschenoper*, reißenden Absatz fanden. Dieser Wirtschaftserfolg war nicht zuletzt auf die Weillsche Musik zurückzuführen, die allerdings in beträchtlichem Maße durch Brecht stilistisch geprägt wurde. Er berichtet in seinem *Arbeitsjour-*

nal später, wie er seinerzeit Weill *als busoni- und schrekerschüler antraf, als verfasser atonaler, psychologischer opern, und ihm takt für takt vorpfiff und vor allem vortrug* ... Freunde Brechts behaupten, Brecht habe auch einige der Songs inspiriert. Unmöglich ist das nicht. Schon in Augsburg hat er seinen Moritaten, Balladen und Liedern sehr einfache, aber faszinierende Melodien unterlegt. Ob nun von Brecht suggeriert oder nicht, jedenfalls trifft die Weillsche Musik in ihrem Ineinander von Bän-

Erwin Piscator

kelsang und Jazzrhythmen, die dem schlagenden Parlando der Brechtschen Texte folgen, genau jene *gestische Musik*, oder, wie Brecht sie privat nannte, *Misuk*, in der fast alle Brechtschen Texte vertont sind und zu der er seine verschiedenen Komponisten in gleicher Weise veranlaßt hatte. Diese *Misuk*, eine Art volkstümlicher, zugleich mit Jazzelementen untermischter «Gegenmusik» zu allem Opernhaften und Symphonischen, war in den zwanziger Jahren kein Einzelfall. Auch Strawinskys «Soldatenballade», Hindemiths «Hin und zurück», Křeneks «Jonny spielt auf» sind Versuche in dieser Richtung. Bei Brecht aber wurde die *Misuk* antibourgeoises Theatermittel, sie diente, wie alles, was er an neuen Mitteln anwendete, der politischen Stellungnahme.

In den *Anmerkungen zu Mahagonny* formulierte Brecht, in erster Fassung, seine Theorie vom epischen Theater. Sie stellte sich, vereinfacht ausgedrückt, als die Theorie eines Parabeltheaters dar, in dem mit Hilfe des dramatischen Bildes etwas gezeigt wird. Die Handlung, die nicht mehr den Spannungsverlauf des klassischen Dramas aufweist mit Zuspitzung eines Konflikts, Auslösung der Katastrophe usw., sondern in epischer Weise Situationen aneinanderreiht, gibt Gelegenheit zu «Einlagen», d. h. Nummern, Adressen an das Publikum und Songs, welche die Handlung kommentieren. Mit der Aufstellung eines solchen parabolischen Theaters mußte natürlich eine Polemik gegen das Illusionstheater und dessen äußerste Steigerung, das naturalistische Theater, parallel laufen. Brecht, der sein Parabeltheater zu einem Weltanschauungstheater ausbauen wollte und an die *gesellschaftliche Umfunktionierung des Theaters in eine pädagogische Disziplin* dachte, charakterisierte die bestehende Bühne als spätbürgerliches Rauschmittel und reine Ware, im Stile jener grimmigen Ironie, die nicht nur die Texte, sondern auch die Kommentare kennzeichnen:

Herausstürzend aus dem Untergrundbahnhof, begierig, Wachs zu werden in den Händen der Magier, hasten erwachsene, im Daseinskampf erprobte und unerbittliche Männer an die Theaterkassen. Mit dem Hut geben sie in der Garderobe ihr gewohntes Benehmen, ihre Haltung «im Leben» ab; die Garderobe verlassend, nehmen sie ihre Plätze mit der Haltung von Königen ein . . .

Brechts Parabeltheater bediente sich der Bühnenmittel des klassischen und des naturalistischen Theaters hauptsächlich in der Parodie. *Im Provokatorischen,* schrieb Brecht, *sehen wir die Realität wieder hergestellt.* Er entwickelte die zunächst parodistisch angewandten Theatermittel mit seiner endgültigen Übernahme des Marxismus zu Mitteln eines marxistischen Weltanschauungs- und Lehrtheaters; ebenso abrupt war der Übergang von den immerhin noch leise romantisch-exotischen Millieus

Lotte Lenya in «Mahagonny»

1928

1931

der Chicago-Kilkoa-Mahagonny-Mandalay zu der nüchtern provo-
katorischen Sphäre der Lehrstücke wie *Flug der Lindberghs, Badener
Lehrstück vom Einverständnis, Der Jasager und Der Neinsager* oder
Die Maßnahme.

In diesen Lehrstücken wie in ihrer Darstellungsweise verwendete
Brecht Erfahrungen des russischen Revolutionstheaters von Meyerhold, die er, teilweise durch Piscators Vermittlung, übernahm. Brecht
arbeitete zeitweilig mit an den Piscator-Inszenierungen, vor allem
an der berühmten Dramatisierung von Hašeks «Schwejk», und er
machte sich gewisse Theoreme Piscators zu eigen. Das Theater hatte
nun reine *Gebrauchsfunktion*, d. h. die der politischen Aufklärung
und der Aktivierung der proletarischen Massen. Das Publikum bekam ein dramatisiertes Lehrbuch des Marxismus; anhand einer sehr
kärglichen, vorwiegend auf der Bühne erzählten Handlung wurden
revolutionäre Verhaltensweisen demonstriert und – vor allem –
diskutiert. Das Theater wurde als Sache des Proletariats hingestellt;
es hatte *lernend zu lehren*. Mit diesen Lehrstücken entwickelte Brecht
eine hochkomplizierte Theaternorm, die später, als er längst zum
blutvollen Theater zurückgekehrt war, zu einer bedeutenden modernen Dramaturgie führen sollte.

Der Stil der Stücke entspricht in etwa dem Rationalismus und
Funktionalismus der «Neuen Sachlichkeit». Er ist von jener provokatorischen Nüchternheit, die Brecht zu jener Zeit auch in seinem
Äußeren pflegte. Er trug sich in Lederjoppe, Ledermütze und Leder-
krawatte, und wie George Grosz erzählt, «schwärmte er für Pesta-
lozzi und ließ seine Bücher wie Schulbücher drucken, damit sie
nach außen hin nüchtern und sachlich wirkten». Aus dem Bürger-
schreck Brecht erwuchs nun der marxistische Dogmatiker, aus dem
provokant schnodderigen und wurstigen Gebaren die disziplinierte
Haltung des Theoretikers und Moralisten, dessen Gestus sich schon
früh, wenn auch in parodistischer Form, angekündigt hatte. Brecht
nahm eine Position ein und postulierte eine neue Moral, ein neues
Pathos und einen neuen Heroismus, was auch dem Aufführungsstil
anzumerken war.

Brechts Komponist wurde jetzt der Marxist und Schönberg-Schü-
ler Hanns Eisler, der den raffiniert parodistischen Melodien Weills
die Musik des *heroischen Brauchs* gegenübersetzte, eine Musik, der
nicht nur in der Ausführung etwas Angestrengtes anhaftete. Brecht
münzte seine Verdächtigungen des Emotionalen und Individuellen
als Residuen bürgerlichen Brauchs und bürgerlicher Mentalität in
abstrakte Forderungen um. Das barocke Moralisieren der *Hauspostille – Laßt euch nicht verführen / Es gibt keine Wiederkehr –*
wandelte sich in die kommunistische Verhaltensmaßregel, die dem

Publikum vom seitlich der Bühne aufgestellten Chor als Resümee
der Handlung zugerufen wurde:

> *Lerne das Einfachste, für die*
> *Deren Zeit gekommen ist*
> *Ist es nie zu spät!*
> *Lerne das ABC, es genügt nicht, aber*
> *Lerne es! Laß es dich nicht verdrießen*
> *Fang an! Du mußt alles wissen!*
> *Du mußt die Führung übernehmen ...*

Wie sehr diese Stücke auch «für die Massen» gedacht sind, so
setzte sich doch Brecht in ihnen mit einem höchst persönlichen
Problem auseinander, mit dem Problem des Einverständnisses, d. h.
der absoluten Unterordnung unter die Idee der sozialistischen Revolution, die für ihn verbunden war mit der Auslöschung der Individualität. Dieses Thema *Auslöschung der Individualität*, das sich
im Frühwerk zunächst positiv als Einswerden mit der Natur, negativ
als Kampf gegen den bürgerlichen Individualismus, ferner als Anklage gegen die Gleichmachung durch die Ware findet, wird nun wieder positiv ausgelegt. Im *Badener Lehrstück vom Einverständnis*

Der Komponist Hanns Eisler

*Der Maler
George Grosz,
1928*

werden vier Flieger vom gelernten Chor (d. h. von der Partei) ins Examen genommen. Darin heißt es:

DER GELERNTE CHOR: *Wer seid ihr?*
DIE GESTÜRZTEN MONTEURE: *Wir sind niemand ...*
DER GELERNTE CHOR: *Wer wartet auf euch?*
DIE GESTÜRZTEN MONTEURE: *Niemand wartet auf uns ...*
DER GELERNTE CHOR: *Wer also stirbt, wenn ihr sterbt?*
DIE GESTÜRZTEN MONTEURE: *Niemand ...*
DER GELERNTE CHOR: *Jetzt wißt ihr:*
    Niemand
    Stirbt, wenn ihr sterbt.
    Jetzt haben sie
    ihre kleinste Größe erreicht.

Diese Auslöschung der Individualität geht dem Einverständnis mit der Idee voran. Es ist leicht, hier formal wie inhaltlich eine Parallele zum Konsensus der christlichen Moraltheorie herzustellen. Nur daß an die Stelle Gottes das abstrakte kommunistische Kollektiv getreten ist. Brecht teilte den Prozeß der Entindividualisierung und Einordnung in die Stationen eines anderen katholischen Zeremoniells, das der Gewissenserforschung. Die Titel zu den einzelnen Szenen lauten: *1., 2., 3. Untersuchung, Das Examen, Ruhm und Enteignung, Die Austreibung, Das Einverständnis.*

Das Wort ist nicht mehr parodistisch, es wird in seiner eigentlichen Bedeutung verwendet. Der Stil rückt streckenweise in die gehobene Feierlichkeit der Bibelsprache. Schon immer war die Sprache der

Illustration von George Grosz zu Brechts
«Die drei Soldaten» (Versuche 14)

Bei der Arbeit an dem Film «Kuhle Wampe»:
Brecht, Hanns Eisler und Slatan Dudow

Lutherschen Bibelübersetzung in ihrer drastischen volkstümlichen Bilderkraft eines der großen Vorbilder Brechts, das er, teils in Parodie, teils in seltsamer Feierlichkeit, nachgeahmt hatte. Hier fällt sie nun absolut in den Tonfall der Predigt, die zur *Aufgabe von allem* mahnt:

Also, wenn ihr das Sterben überwinden wollt, so überwindet ihr es, wenn ihr das Sterben kennt und einverstanden seid mit dem Sterben. Wer aber den Wunsch hat, einverstanden zu sein, der hält bei der Armut. An die Dinge hält er sich nicht!

Die Auslöschung der Individualität und die Aufgabe von allem steht im Zeichen der *Brauchbarkeit,* und hier löst Brecht, im Einverständnis mit der Umänderung der Welt, für sich das große Problem der intellektuellen Existenz in unserer Zeit, des im Fluß der ökonomisch und industriell ausgerichteten Welt «unbrauchbar» gewordenen Geistes:

> *Er war niemand. –*
> *Wie sichtete man ihn? –*
> *Indem man ihn beschäftigte. –*
> *Indem man ihn anruft, entsteht er.*
> *Wenn man ihn verändert, gibt es ihn*
> *Wer ihn braucht, der kennt ihn.*
> *Wem er nützlich ist, der vergrößert ihn.*

Brechts philosophisch ausgeweiteter Marxismus, der nicht so sehr die *Veränderung der Welt* auf ein bestimmtes Ziel hin anstrebte, sondern, in dialektischer Weise, auch wieder die Veränderung der Veränderung, das ständige Imflußsein der Dinge, das Immerweiter-Suchen, das Immer-weiter-Denken proklamierte – eine Idee, die bis in die kleinste Verästelung der Theatertheorie und -praxis wiederauftaucht – findet sich als Schlußresümee des *Badener Lehrstücks,* das so, in groben Zügen, eine Konklusion der Brechtschen Gedankenwelt gibt, von der er nicht mehr wesentlich abweichen sollte:

Einverstanden, daß alles verändert wird
Die Welt und die Menschheit
Vor allem die Unordnung
Der Menschenklassen, weil es zweierlei Menschen gibt
Ausbeutung und Unkenntnis ...
Habt ihr die Welt verbessert, so
Verbessert die verbesserte Welt.
Gebt sie auf! ...
Habt ihr die Welt verbessernd die Wahrheit vervollständigt, so

Vervollständigt die vervollständigte Wahrheit
Gebt sie auf!...
Habt ihr die Wahrheit vervollständigend die Menschheit verändert,

so

Verändert die veränderte Menschheit.
Gebt sie auf!

Die Aufgabe einer Welt war zugleich Brechts eigenes Problem, wie er es in dem Fragment *Der Untergang des Egoisten* (lies: Individualisten) *Johann Fatzer* als allgemeines Problem formuliert hat. Die Frage des *Einverständnisses* trieb er weiter in *Der Jasager* bis zum Einverständnis mit der eigenen Tötung. Als dieses gesteigerte *Einverständnis* beanstandet wurde, schrieb er ein zweites Stück *Der Neinsager*, in dem eine andere Alternative durchexerziert wird, und das Weiter-Denken, die Umstürzung des Denkens über das *Einverständnis* und das Opfer triumphiert. So sagt der Knabe, der geopfert werden soll:

Die Antwort, die ich gegeben habe, war falsch, aber eure Frage war falscher. Wer a sagt, der muß nicht b sagen. Er kann auch erkennen, daß a falsch war. Ich wollte meiner Mutter Medizin holen, aber jetzt bin ich selber krank geworden, es ist also nicht mehr möglich. Und ich will sofort umkehren, der neuen Lage entsprechend. Auch euch bitte ich umzukehren und mich heimzubringen. Euer Lernen kann durchaus warten. Wenn es drüben etwas zu lernen gibt, was ich hoffe, so könnte es nur das sein, daß man in unserer Lage umkehren muß. Und was den alten großen Brauch betrifft, so sehe ich keine Vernunft an ihm. Ich brauche vielmehr einen neuen großen Brauch, den wir sofort einführen müssen, nämlich den Brauch, in jeder neuen Lage neu nachzudenken.

Das Einverständnis mit der eigenen Tötung aber wurde noch einmal Thema des bedeutendsten und meistdiskutierten Lehrstücks, das in der bürgerlichen wie in der kommunistischen Kritik viel Pro und Contra hervorrief, in der *Maßnahme*. Die Fabel, denkbar einfach und durchschaubar, gibt hier nur das Diskussionsmodell ab. Wie bei Claudel, Pirandello, später Wilder spaltet sich der Bühnenvorgang in Handlung und Kommentar; bei Brecht teilte sich die Bühne in ein Aktions- und ein Diskussionspodium. Die bereits vor sich gegangene Handlung wird vor einer Gerichtsinstanz – der Partei – erzählt, untersucht und diskutiert. Die vier Agitatoren, die sich vor dem Kontrollchor wegen der Tötung eines Genossen verantworten müssen, wiederholen den Vorgang: *Wir zeigen es...* Das Stück diskutiert das revolutionäre Verhalten, dessen einziges Kriterium das schnelle Vorantreiben der Revolution ist. Das gefühlsbetonte Han-

deln wird verdammt. Durch seine unbedachten Taten gefährdet der junge Genosse die Agitation, er sieht sein törichtes Verhalten ein und erklärt sich einverstanden mit der eigenen Tötung:

> Er sagte noch: Im Interesse des Kommunismus
> Einverstanden mit dem Vormarsch der proletarischen Massen
> Aller Länder
> Ja sagend zur Revolutionierung der Welt.

Die Maßnahme der Tötung wird, im Interesse der *Revolutionierung der Welt,* ausdrücklich gutgeheißen. Einmal drückt sich darin Brechts antiemotionelle Haltung aus; zudem rühmt das Stück die Aufopferung zugunsten einer Idee, wie schon das *Badener Lehrstück* und *Der Jasager.* Diese Rigorosität behielt Brecht nicht lange bei. In seinen späteren Stücken diskutiert er, vielleicht in der Erfahrung stalinistischer Maßnahmen, eine schwierigere, kompromißbereitere, aber auch humanere Haltung.

Durch die versifizierten Chöre und die feierlich vorgetragenen Resümees erreichte Brecht eine Form, die dem Oratorischen und dem Rituellen merkwürdig nahekam. Er sollte diese Ebene bald wieder verlassen und vom abstrakten Zeremoniell und Diskutieren zu der Darstellung direkter politischer Verhaltensweisen übergehen, eine Tatsache, die sicher mit der Zuspitzung der politischen Zustände in Deutschland zusammenhing. Mit der *Mutter* und der *Heiligen Johanna der Schlachthöfe* trat das Brechtsche Lehrstück in ein neues Stadium. Auch hier wurden Verhaltensweisen demonstriert und im Grunde ein dramatisiertes Lehrbuch des Marxismus geliefert, aber Brecht formulierte die Probleme nicht mehr abstrakt und bewegte die Handlung um zwei menschliche Schicksale, die allerdings beispielhaft für ein allgemeines standen. Pelagea Wlassowa entwikkelt sich, nach dem Vorbild von Gorkis Roman, von der Mutter eines Arbeiters zur politischen Agitatorin und wird so zur Mutter einer ganzen Klasse; das Heilsarmeemädchen Johanna Dark wandelt sich, auf dem Hintergrund des Börsenkrachs von 1929, in den Schlachthöfen Chicagos zur proletarischen Heldin. Brecht konkretisierte also seine Absichten und setzte mit zwei Stücken von unerhörter Theaterwirkung sein Weltbild in Szene. Dieses Weltbild basierte nicht mehr auf Theorie. Wie man erzählt, hatte er ausgedehnte Studien in den Häusern der Heilsarmee und an den Börsen Berlins und Wiens gemacht.

In *Die heilige Johanna der Schlachthöfe* rollen die «Geschäfte» in Jamben ab, und die grimmigen Klassiker-Parodien, die er später in seinen Hitler-Dramen weiterführen sollte, nehmen hier ihren Ausgang. Das klassische Pathos bemäntelt heuchlerisch die nackten Börseninteressen:

> *Erinnere, Cridle, dich, wie wir vor Tagen –*
> *Wir gingen durch den Schlachthof, Abend war's –*
> *An unsrer neuen Packmaschine standen.*
> *Erinnere, Cridle, dich an jenen Ochsen*
> *Der blond und groß und stumpf zum Himmel blickend*
> *Den Streich empfing . . .*
> *. . .*
>
> *Dich hat der wüste Mauler so getroffen*
> *O guter Lennox! Unaufhaltsam ist*
> *Der Aufstieg dieses Ungetüms, ihm wird*
> *Natur zur Ware, selbst die Luft verkäuflich . . .*

«Die heilige Johanna der Schlachthöfe».
Uraufführung im Deutschen Schauspielhaus, Hamburg 1959
(Hanne Hiob, Brechts Tochter, als Johanna Dark)

Besonders kraß steigern sich diese Mittel, wenn gegen Ende des Stückes Johanna auf den Schlachthöfen stirbt und von den Packherren als ihre Helfershelferin in faustischen Versen gerühmt und kanonisiert wird, während sie, in biblischer Wucht, ihre haßerfüllten Konklusionen in die «goetheschen» Chöre ruft:

Die aber unten sind, werden unten gehalten
Damit die oben sind, oben bleiben.
Und der Oberen Niedrigkeit ist ohne Maß
Und auch wenn sie besser wären so hülfe es
Doch nichts, denn ohnegleichen ist
Das System, das sie gemacht haben:
Ausbeutung und Unordnung, tierisch und also
Unverständlich . . .
Darum wer unten sagt, daß es einen Gott gibt
Und kann sein unsichtbar und hülfe ihnen doch
Den soll man mit dem Kopf auf das Pflaster schlagen
Bis er verreckt ist . . .
Und auch die, welche ihnen sagen, sie könnten sich erheben im Geiste
Und stecken bleiben im Schlamm, die soll man auch mit den Köpfen
                                                              auf das
Pflaster schlagen. Sondern
Es hilft nur Gewalt, wo Gewalt herrscht, und
Es helfen nur Menschen, wo Menschen sind.

Der dumpfe, drohende Zorn dieser Verse war nicht zuletzt hervorgerufen durch die politische Lage in Deutschland, die sich zusehends verschärfte. Der Kampf wurde nicht mehr «geistig» ausgetragen, er wurde nun offen geführt. *Die Heilige Johanna der Schlachthöfe* lief nur als Hörspielfassung einmal im Berliner Rundfunk. Brechts Film *Kuhle Wampe,* den er unter Mitarbeit von Hanns Eisler und Slatan Dudow drehte, wurde von der Filmprüfstelle verboten. In Erfurt unterbrach die Polizei eine Aufführung der *Maßnahme* und machte dem Veranstalter einen Hochverratsprozeß.

Als am 27. Februar 1933 der Reichstag brannte, waren es der Alarmsignale genug, und Brecht floh mit seiner Familie und einigen Freunden nach Prag. Am 10. Mai brannten seine Bücher auf dem Scheiterhaufen vor der Berliner Oper.

Der brennende Reichstag, 28. Februar 1933

Die nationalsozialistische Bücherverbrennung, 10. Mai 1933

In den finsteren Zeiten
Wird da auch gesungen werden?
Da wird auch gesungen werden
Von den finsteren Zeiten.

Brecht umkreiste Deutschland in mehreren Stationen: Prag, Wien, Zürich. In Zürich trafen sich in einem Hotel, gerade als sich Brecht darüber beklagte, daß alle Freunde nun so weit auseinandergerissen seien, zufällig Anna Seghers, Heinrich Mann, Walter Benjamin, Kurt Kläber und dessen Frau Lisa Tetzner. Und die Brechts entschlossen sich, zu Kläbers nach Carona an den Luganer See zu ziehen. Das idyllische Dörfchen bot Ruhe zum Arbeiten und als Diskussionspartner Brechts alten Freund Kurt Kläber, den einstigen Mitherausgeber der «Linkskurve», der, wie Brecht, in Deutschland nicht mehr gelitten war. Jeden Morgen las man zusammen Zeitungen, um in der Weltabgeschiedenheit des Tessiner Dörfchens den Kontakt mit den Ereignissen nicht zu verlieren. Brecht hat sich noch Jahre später in der Einsamkeit Skosbostrands diese gemeinsame Zeitungslektüre herbeigewünscht, an der wohl besonders wichtig das «Gemeinsame» war: *ich würde gern wieder einmal die Zeitungen zusammen mit euch lesen. man verdaut besser zusammen. und man muß ungeheuer verdauen jetzt*, schreibt er 1937 an Kläber aus Dänemark. Und noch in seinem letzten Brief aus dem Krankenhaus im April 1956 heißt es: *Ich denke gern an Carona und die gemeinsame Zeitungslektüre im Grünen*. Gegenüber der inneren Isolation der späteren Jahre mag ihm die Zeit der gemeinsamen Isolation Caronas noch wie eine Zeit der Hoffnung erschienen sein. – Brecht brauchte das Gespräch über die gemeinsame Sache, das gemeinsame *Verdauen*. So erschien er oft bei Kläber und wanderte, wenn sein Freund gerade arbeitete, stundenlang ungeduldig unter seinem Fenster auf und ab, um auf die «Diskussion» zu warten. Er war zu bescheiden, die Arbeit des anderen zu unterbrechen.

Da ihm die Schweiz auf die Dauer zu teuer war, übersiedelte Brecht im Herbst nach Paris. Dort ging es lebhafter zu als in dem weltabgeschiedenen Carona. Brecht wurde viel in die Salons eingeladen. Obwohl er zeit seines Lebens für dergleichen wenig Sinn entwickelte, sollen doch die französischen Gräfinnen und Baronessen sehr besorgt um ihn gewesen sein. Brecht wollte diskutieren, er wollte Gespräche, und man erzählt, er sei während des üblichen eleganten *small talk* immer unruhig auf seinem Stuhl hin und her gerutscht, darauf wartend, daß *man sich unterhalten könne*. Er war

Beim Zeitunglesen in Carona: Kurt Kläber, Brecht und Helene Weigel

kein Marcel Proust. Es gibt eine bezeichnende Anekdote. Als während eines solchen Gesellschaftsabends eine Reihe leichter Mädchen einbrach, setzte sich ihm eines auf die Knie und fragte, ob er lieber mit einer oder mit zwei Frauen ins Bett gehe. Brecht sah sie versonnen an. *Darauf kann ich Ihnen im Augenblick keine Antwort geben*, sagte er schließlich, *da ich mich mit Herrn X. über den dialektischen Materialismus unterhalte ...*

Brecht hat sicherlich in den glänzenden Salons eine merkwürdige Figur gemacht. Seine schlampige Art, sich zu kleiden – eine Eitelkeit in umgekehrter Richtung, denn er verwandte, wie man erzählt, jeden Morgen große Sorgfalt darauf, sich sein kurzgeschorenes Haar mit Wasser auf den Kopf zu kleben – muß sich von der französischen Eleganz sonderbar abgehoben haben. Kläber berichtet von einer kleinen Szene, die sich bei einem vornehmen Diner abspielte.

71

Sie könnte in einem Brecht-Stück stehen. Man war bei einem reichen Pariser Arzt eingeladen, der ein besonders modernes Haus besaß: darin war alles aus Glas, die Wände, die Stühle, die Tische. Während des Essens sah Kläber, wie Brecht vor sich hin guckte und plötzlich erstarrte. Durch die Glasplatte erblickte er, vergrößert, seine weit klaffenden, dreckigen Emigrantenschuhe...

In Paris traf Brecht mit Kurt Weill und Lotte Lenya zusammen und inszenierte mit ihnen und mit George Balanchines gerade gegründeten «Les Ballets 33» *Die sieben Todsünden*, eine der letzten gemeinschaftlichen Arbeiten mit Weill. Das Ballett wurde nach einer

Das Bauernhaus in Skovsbostrand bei Svendborg

Vorstellung abgesetzt. Es ist wohl damals – wie heute – Mißverständnissen und Mißinterpretationen ausgesetzt gewesen. Nur der dänische König, der, bei der Erstaufführung in Kopenhagen, empört seine Loge verließ und äußerte, *dafür* sei das königliche Ballett *nicht* da, scheint den Text richtig verstanden zu haben. Brecht behandelt hier, anhand der Parabel von zwei Schwestern, die ausziehen, *in den großen Städten ihr Glück zu versuchen,* die Marxsche These von der Selbstentfremdung des Menschen. Das Ballett hieß ursprünglich *Die sieben Todsünden des Kleinbürgers;* es führt eines der großen Themen des Moralisten Brecht durch: die Verkehrung der Moral im Wertsystem der Ware. Die Handlung spielt in einem parabolischen Amerika, *wo die Wasser des Mississippi unterm Monde fließen,* und es wird gezeigt, daß in dieser Welt der Mensch nicht menschenwürdig leben kann. Die Todsünden, die die Schwestern begehen, sind Todsünden gegenüber einer Welt, in der alles zur Ware geworden ist. Im Grunde sind diese Sünden Tugenden. Die

Familie, die zum Gelderwerb für das kleine Häuschen antreibt, von Weill in parodistischen Männerchören im Kantatenstil unvergleichlich komponiert, gibt die szenischen Kommentare:

> *Der Herr erleuchte unsre Kinder,*
> *daß sie den Weg erkennen, der zum Wohlstand führt.*
> *Er gebe ihnen die Kraft und die Freudigkeit,*
> *daß sie nicht sündigen gegen die Gesetze,*
> *die da reich und glücklich machen.*

Die Schwestern sind eigentlich nur eine Person. Aber um zu Wohlstand zu kommen, müssen sie sich in Mensch und Ware aufteilen, in Anna I und Anna II. Die eine tut das Vernünftige, die andere ist menschlich. Die Todsünden sind: Faulheit (gegen das Geldmachen), der Stolz (Anna möchte Kunst machen und sich nicht nur nackt ausziehen), Zorn (Auflehnung gegen Roheit und Gemeinheit, was ihr in der Warenwelt sehr schadet: die Einnahmen gehen zurück), Völlerei (sie möchte essen, so viel sie will und wann sie will, aber sie hat ihr Körpergewicht den Managern verkauft); ihre Unzucht ist, den zu lieben, den sie wirklich liebt, und nicht den, der sie bezahlt, wozu die Familie kommentiert:

> *Wer über sich selbst den Sieg erringt,*
> *erringt auch den Lohn.*

Mit anderen Worten: private Gefühle kann man sich nicht leisten, wenn man ein Haus in Louisiana will. Der Neid:

> *Aber Anna war oft müde und beneidete jeden,*
> *der seine Tage zubringen durfte in Trägheit,*
> *nicht zu kaufen und stolz,*
> *in Zorn geratend über jede Roheit,*
> *hingegeben seinen Trieben, ein Glücklicher,*
> *liebend nur den Geliebten*
> *und offen nehmend, was immer er braucht.*

Diese Verse enthalten das Brechtsche *Lebensrecht*, das, in *Baal* noch als anarchischer Lebenswille formuliert, alle seine Werke als grundsätzliche Forderung an die Gesellschaft durchzieht.

Nachdem er Kontakt mit dem Kopenhagener Theater aufgenommen hatte, ließ sich Brecht mit seiner Familie in Skovsbostrand bei Svendborg an der dänischen Küste nieder in einem Bauernhaus, das ihm Karin Michaëlis besorgt hatte.

Ein Ruder liegt auf dem Dach. Ein mittlerer Wind
Wird das Stroh nicht wegtragen.
Im Hof für die Schaukel der Kinder sind
Pfähle eingeschlagen.
Die Post kommt zweimal hin
Wo die Briefe willkommen wären.
Den Sund herunter kommen die Fähren.
Das Haus hat vier Türen, daraus zu fliehn.

Man tünchte einen Pferdestall und richtete ihm darin einen Arbeitsraum ein. Über der Tür hing eine Tafel: *Die Wahrheit ist konkret.* Wie Walter Benjamin berichtet, stand, als weiteres Emblem seines Schreibens und Denkens, auch ein Esel im Zimmer mit einem Zettel um den Hals; auf dem Zettel war notiert: «Auch ich muß es verstehen.» An den Wänden standen lange Tische, mit Papieren überhäuft. *ich bin froh, daß ich aus paris heraus bin,* schrieb Brecht an Kurt Kläber, *viel amüsanter ist es hier auch nicht, aber zum arbeiten gibt es mehr zeit. das radio spielt wieder jeden abend, so ist der kontakt wieder hergestellt, gespräche fehlen mir.* Zeitungen, Post und Radio und gelegentliche Besuche waren Brechts einzige Berührung mit der Außenwelt. Hin und wieder fuhr er nach Paris, auch nach London, um seine Stücke unterzubringen. Es war schwierig für Emigranten, an Geld zu kommen: *london ist ein zähes städtchen, das sich endlos besinnt, bis es einen schilling herausrückt.* Die Abgeschiedenheit in Skovsbostrand kam dem Werk zugute. Hier begann eine Zeit fruchtbarer Arbeit. In den Jahren 1933–1938 schrieb Brecht, täglich auf die Rückkehr wartend und hoffend, seine bedeutendsten Dramen: *Das Leben des Galilei, Mutter Courage, Der gute Mensch von Sezuan* und *Das Verhör des Lukullus,* einige seiner wichtigsten Essays: *Über reimlose Lyrik mit unregelmäßigen Rhythmen, Weite und Vielfalt der realistischen Schreibweise,* und baute seine Theatertheorie weiter aus. Hier entstanden auch die *Svendborger Gedichte.* Sie leiten innerhalb der Brechtschen Lyrik eine neue Periode ein. Brecht entwickelt eine ganz bestimmte Art des pamphletischen Kurzgedichts.

DIE OBEREN

Haben sich in einem Zimmer versammelt.
Mann auf der Straße
Laß alle Hoffnung fahren.

Die Regierungen
Schreiben Nichtangriffspakte.
Kleiner Mann
Schreibe dein Testament.

*

Es ist Nacht. Die Ehepaare
Legen sich in die Betten. Die jungen Frauen
Werden Waisen gebären.

*

Auf der Mauer stand mit Kreide:
Sie wollen den Krieg.
Der es geschrieben hat
Ist schon gefallen.

Das Verfahren, dessen Brecht sich bedient, ist ein grundsätzliches in seinem gesamten Werk; es findet sich nicht nur in der Lyrik, sondern auch im Drama, in der Regiearbeit, in der Prosa, ja, es läßt sich bis in einzelne Satzwendungen verfolgen. Zwei unstimmige oder absurde Situationen oder Bilder werden miteinander konfrontiert, sie rufen einen Schock, eine Verblüffung hervor, eine *Verfremdung* üblicher oder gewohnter Vorstellungen, wie Brecht es selbst genannt hat. Ein oft angewandtes Mittel innerhalb moderner Dichtung, aber Brecht benutzt es nicht um seiner selbst willen, zur Darstellung des Absurden schlechthin, sondern um eine Situation als unstimmig zu kennzeichnen und die Frage nach der Lösung zu provozieren, um auf eine Erkenntnis hinzuführen und, wie er es ausgedrückt hat, um *jenen fremden Blick zu entwickeln, mit dem der große Galilei einen ins Pendeln gekommenen Kronleuchter betrachtete. Den verwunderten diese Schwingungen, als hätte er sie so nicht erwartet und verstünde es nicht von ihnen, wodurch er dann auf die Gesetzmäßigkeiten kam.*

Die Methodik des wissenschaftlichen Erkennens wird hier in eine künstlerische verwandelt. Die Folgerung aus dem Dargestellten ist immer ausgespart, d. h. sie bleibt dem Leser oder Zuhörer überlassen. Um ein Beispiel eines Satzes aus einem Drama anzuführen, so wird in *Die Rundköpfe und die Spitzköpfe* ein Prozeß folgendermaßen angekündigt:

In dem Prozeß der Barfüßigen Bettelmönche von San Stefano gegen die Bedürftigen Schwestern von San Barbara wird von den Barfüßigen Bettelmönchen der Schadenanspruch auf sieben Millionen festgelegt. Brecht beläßt es natürlich bei der Gegenüberstellung. Es ist nicht zu übersehen, daß dieses Verfahren der *Verfremdung* dem der Ironie verwandt ist. Ironie überführt eine Sache, indem sie sie so darstellt, wie sie sich selbst gibt. Die Art der Darstellung aber ist schon eine Enthüllung.

In den *Svendborger Gedichten* wird das Aussparen der Folgerung zu einer konsequenten Methodik, die in allen möglichen Varianten auftaucht. In der Ballade vom Schneider zu Ulm z. B. ist eine ganze Strophe ausgelassen:

ULM 1592

«Bischof, ich kann fliegen»,
Sagte der Schneider zum Bischof.
«Paß auf, wie ich's mach!»
Und er stieg mit so'nen Dingen,
Die aussahn wie Schwingen,
Auf das große, große Kirchendach.
Der Bischof ging weiter.
«Das sind lauter so Lügen,
Der Mensch ist kein Vogel,
Es wird nie ein Mensch fliegen»,
Sagte der Bischof vom Schneider.

«Der Schneider ist verschieden»,
Sagten die Leute dem Bischof.
«Es war eine Hatz.
Seine Flügel sind zerspellet,
Und er liegt zerschellet
Auf dem harten, harten Kirchenplatz.»
«Die Glocken sollen läuten,
Es waren nichts als Lügen,
Der Mensch ist kein Vogel,
Es wird nie ein Mensch fliegen»,
Sagte der Bischof den Leuten.

Es scheint so, als behielte der Bischof das letzte Wort, der Schneider ist erbärmlich gescheitert. Und damit endet das Gedicht. Ausgespart hat Brecht die Tatsache, daß die Geschichte dem Schneider nachträglich recht gegeben hat: heute fliegen die Menschen. Dialektisch schlägt die unzeitgemäße Wahrheit von 1592 in die Wirklichkeit von heute um. Solche Gedichte sind von einer abgründigen Kunst des Einfachen, die Brecht erlaubt, den simplen Volkslied- und Balladenton zu benutzen, ja sogar «Kinderlieder» zu schreiben, deren Interpretation in der Fülle dessen, was sich hinter den scheinbar einfachen Formulierungen verbirgt, zu einer ebenso subtilen wie schwierigen Aufgabe werden kann. Walter Benjamins «Kommentar zu Gedichten von Brecht» gibt davon einen Begriff. Da ist etwa das Gedicht vom *Kind, das sich nicht waschen wollte*:

> *Es war einmal ein Kind,*
> *Das wollte sich nicht waschen.*
> *Und wenn es gewaschen wurde, geschwind*
> *Beschmierte es sich mit Aschen.*

> *Der Kaiser kam zu Besuch*
> *Hinauf die sieben Stiegen*
> *Die Mutter suchte nach einem Tuch*
> *Das Schmutzkind sauber zu kriegen.*

> *Ein Tuch war grad nicht da*
> *Der Kaiser ist gegangen*
> *Bevor das Kind ihn sah*
> *Das Kind konnt's nicht verlangen.*

Das Kind, das nicht gewaschen ist, selbst wenn der Kaiser zu Besuch kommt, stellt sich mit unheimlichem Starrsinn, protestierend, gegen die herrschende und übliche Ordnung. In der Konfrontation zu diesem eindringlichen Widerstreben wird der Kaiser zu einer blassen Figur – er geht. Im Gedächtnis bleibt die Figur des mit Asche beschmierten Kindes. Benjamin hat es mit dem buckligen Männlein verglichen, das in jenem bekannten Volkslied sich allen idyllischen Verrichtungen immer wieder in den Weg stellt. Es mögen in diesem Kind bestimmte Figuren der *Hauspostille* wiederkehren, Jakob Apfelböck, Marie Ferrar und Zeck, *der Mann in Violett*, der bleich durch die Bürgerträume spukt. Eine hohe Vollendung liegt in solcher Einfachheit der Darstellung. «Auch muß einer vielleicht ein großer Lyriker sein», schreibt Benjamin, «um heute nach mehr nicht zu greifen.»

In dem gleichen Jahre, in welchem die meisten der *Svendborger Gedichte* entstanden, verfaßte Brecht auch ein *Kinderalphabet 1934* und Tierfabeln, vermutlich für seine eigenen Kinder. Da neben sehr scharfen politischen Verschen auch manche familiären untergeschlüpft waren, die in ihrer naiven Humorigkeit wenig zu den Aggressionen der *Svendborger Gedichte* paßten, kamen sie nicht mehr darin zum Abdruck.

Dänemark: Brecht in seinem Ford, 1936

Steff sitzt lang auf dem Abort
Denn er nimmt ein Buch nach dort.
Ist das Buch dann dick
Kommt er erst am nächsten Tag zurück.

*

Tom hat einen Hut aus Holz.
Auf den ist er schrecklich stolz.
Hat ein Nudelbrett aufs Klavier gelegt
und ihn ausgesägt.

*

Ford hat ein Auto gebaut
Das fährt ein wenig laut
Es ist nicht wasserdicht
Und fährt auch manchmal nicht.

Das Auto war Brechts altertümlicher Ford, dem George Grosz, der Brecht in Svendborg besuchte, eine ausführliche Beschreibung gewidmet hat: «Er fuhr ein uraltes Fordmodell, das man noch ankurbeln mußte, worauf es, wenn es überhaupt ansprang, heftig zu zittern anfing. Aber dem Brecht war es völlig untertan und gehorchte ihm trotz Altersschwäche.»

Wie alle Autos, die Brecht je besaß, nahm es nach kurzer Zeit ein Aussehen an, als habe er es unlängst von einem Autofriedhof geholt. Es fuhr sehr schnell und laut, es hatte keinen Boden. Unter sich sah man auf die Straße ... Neben Familienmitgliedern und Fords wurden in dem *Kinderalphabet* auch politische Persönlichkeiten behandelt:

> *Hindenburg war ein schlechter General*
> *Sein Krieg nahm ein böses Ende.*
> *Die Deutschen sagten: Teufel nochmal*
> *Den machen wir zum Präsidente.*

Zwei Beispiele aus den Tiergedichten:

> *Es war einmal ein Adler*
> *Der hatte viele Tadler*
> *Die machten ihn herunter*
> *Und haben ihn verdächtigt*
> *Er könnte nicht schwimmen im Teich*
> *Da versuchte er es sogleich*
> *Und ging natürlich unter.*
> *(Der Tadel war berechtigt).*

> *

> *Es war einmal eine Kellerassel*
> *Die geriet in ein Schlamassel.*
> *Der Keller, in dem sie asselte*
> *Brach eines schönen Tages ein*
> *Sodaß das ganze Haus aus Stein*
> *Ihr auf das Köpfchen prasselte.*
> *Sie soll religiös geworden sein.*

Es ist kaum möglich anzunehmen, wie es so oft in Kritiken geschieht, Brecht habe «allgemein Menschliches» beschrieben. Er hat die Kampfsituation zu sehr empfunden. Es gibt kaum eine Zeile von Brecht, die nicht politisch ist. Die Form der Parabel war nichts anderes als seine *List, die Wahrheit zu sagen.* Er selbst hat es ausgesprochen. *Mit Beispielen kann man es immer schaffen, wenn man schlau ist,* sagt der kleine Andrea in *Galilei.*

In den *Deutschen Satiren und Marginalien* aus den *Svendborger Gedichten,* die Brecht selbst über den Rundfunk sprach, nimmt die politische Kritik direktere Formen an. Mit ihnen und den Stükken *Die Rundköpfe und die Spitzköpfe, Furcht und Elend des Dritten Reiches, Die Gewehre der Frau Carrar*, endlich mit seiner bedeutenden Schrift *Fünf Schwierigkeiten beim Schreiben der Wahrheit*, griff Brecht aktiv in die derzeitige politische Auseinandersetzung ein.

> *Geflüchtet unter das dänische Strohdach, Freunde,*
> *Verfolg ich euren Kampf. Hier schick ich euch*
> *Wie hin und wieder schon die Verse, aufgescheucht*
> *Durch blutige Gesichte über Sund und Laubwerk.*
> *Verwendet, was euch erreicht davon, mit Vorsicht!*
> *Vergilbte Bücher, brüchige Berichte*
> *Sind meine Unterlage. Sehen wir uns wieder,*
> *Will ich gern wieder in die Lehre gehen.*

Die Berichte sammelte er aus Zeitungen aller Länder. Nahe der deutschen Grenze befaßte er sich mit den Vorgängen in Hitlerdeutschland und sammelte Zeitungsausschnitte und Bilder als Dokumente, die er später in jener in Ost- wie Westdeutschland wenig geschätzten und verbreiteten *Kriegsfibel* mit Verskommentaren veröffentlichen sollte. Ein Dokument, sagte er sich wohl, ist schwer abzuleugnen.

So verlegte sich Brecht in Stücken, die der unmittelbaren politischen Agitation dienten, auf solche dokumentierten Vorgänge. Freilich konnte es in der Abstrahierung und Deutung der Fakten zu schlimmeren Verzeichnungen kommen. Sein Hitlerdrama *Die Rundköpfe und die Spitzköpfe* beruht auf den historischen Ereignissen um Hitlers Machtergreifung. Aber Brechts distanzloser Haß in Verbindung mit der Schematisierung der Problematik führte ihn hier in eine denkerische Sackgasse. Er reduzierte das nationalsozialistische Phänomen auf Klassengegensatz und kapitalistische Interessen, er ließ schließlich Hitler sich mit dem Juden und Großgrundbesitzer Guzman zusammentun, um die Interessen des Proletariats zu schädigen. Ohne weiteren Zusatz druckte er später das Stück in der Gesamtausgabe ab, d. h. er hatte dem, auch später, nichts hinzuzufügen und hielt hartnäckig an seiner damaligen Interpretation fest. Solch dickschädeliges Festhalten an seiner Sicht taucht öfters noch in seinem Werk auf, es bildet ein merkwürdiges Pendant zu seiner Beachtung des Dokuments, der Tatsachen, seiner Theorie des Zweifelns und Weiterdenkens.

Bezeichnenderweise erreicht Brecht in der auf Zeitungsdokumenten und Augenzeugenberichten beruhenden Szenenfolge *Furcht und Elend des Dritten Reiches* eine realistischere Ebene. Die Spiegelung des Regimes im Privatbereich derer, die unter dem nationalsozialistischen System leben, ist von seherischer Schärfe und unvergleichlicher agitatorischer Schlagkraft. Im Vergleich zweier Stücke wie *Die Rundköpfe und die Spitzköpfe* und *Furcht und Elend des Dritten Reiches* erweist sich Stärke und Schwäche der denkerischen und dramaturgischen Konzeption Brechts. Sein Verdienst, soziale Zusammenhänge in die Dramaturgie einzubeziehen, den gesellschaftskritischen Aspekt ins dramatische Bild zu rücken, birgt zugleich eine Gefahr. Eine bedeutende Ebene der Gestaltung erreicht Brecht dort, wo die Auswirkung der allgemeinen Situation auf den Privatbereich geschildert wird. Wo er auch das Private abstrahiert und in Formeln gießt, ergibt sich ein leeres Schema, das zudem der gleichnishaften Wahrheit entbehrt. Auch spätere Stücke wie *Der aufhaltsame Aufstieg des Arturo Ui* und *Die Tage der Commune* leiden in gewisser Weise unter einer solchen Abstraktion.

Eine dritte Möglichkeit der Agitation ergreift Brecht in *Die Gewehre der Frau Carrar*, einem Kommentar zum spanischen Bürgerkrieg. Brecht verzichtet hier auf das Einbeziehen größerer Zusammenhänge und beschränkt sich auf den Bereich des Privaten. Eine spanische Fischersfrau, deren Mann in den Kämpfen gegen Franco gefallen ist, möchte ihren Sohn den Kämpfen fernhalten. Sie schickt ihn aufs Meer zum Fischen, damit die Kameraden ihn nicht holen können. Auf dem Meer aber wird der Wehrlose von Faschisten niedergeschossen. Nun gibt sie die verborgenen Gewehre heraus und zieht selbst in den Kampf. Man kann sich der Auseinandersetzung nicht entziehen, heißt das unausgesprochene Resü-

«Furcht und Elend des Dritten Reiches». Helene Weigel als jüdische Frau (Berliner Ensemble, 1957)

mee dieses Stücks. Brecht bediente sich in diesem Einakter zum einzigen Mal der aristotelischen Dramaturgie. Es war diesmal nicht seine Absicht, den Zuschauern einen – epischen – Überblick über die Ereignisse zu verschaffen, er wollte sie vielmehr in das Geschehen engagieren. *Die Gewehre der Frau Carrar* ist eine Aufforderung zum Kampf.

Eine weit bedeutendere Ebene als in den drei besprochenen Stücken erreicht Brecht in seiner Schrift *Fünf Schwierigkeiten beim Schreiben der Wahrheit*, die zwar zur Verbreitung als Flugblatt in Hitlerdeutschland gedacht war, aber, wie sein *Galilei*, über die gegenwärtige

«Die Gewehre der Frau Carrar» mit Helene Weigel (Berliner Ensemble)

Situation hinausreicht und zur Frage des Verhaltens eines vorge-
schrittenen Wissens unter einer diesem Wissen feindlichen Macht
vordringt; damit nimmt sie eine der großen geistigen Fragen unserer
Zeit in Angriff.

Mit seltsamer Verbissenheit setzte Brecht sich wieder und wieder
mit der deutschen Situation auseinander. Er arbeitete nur für die
Rückkehr und blieb in den vielen Ländern, in denen er Station machte, Durchreisender:

Unruhig sitzen wir so, möglichst nahe den Grenzen
Wartend des Tags der Rückkehr, jede kleinste Veränderung
Jenseits der Grenze beobachtend, jeden Ankömmling
Eifrig befragend, nichts vergessend und nichts aufgebend
Und auch verzeihend nichts, was geschah, nichts verzeihend.
Ach, die Stille der Sunde täuscht uns nicht! Wir hören die Schreie
Aus ihren Lagern bis hierher . . .

Die Schreie, die ihn erreichten, trieben ihn immer wieder in die
Arbeit, seine einzige Waffe. Er errichtete überall, wohin er auch kam,
gleich eine Arbeitsstätte, sammelte Freunde um sich, führte Diskussionen und beobachtete mit Haß und Trauer die Vorgänge in Deutschland, jeden Tag auf das Ende des Hitlerschen Unternehmens und auf
seine Rückkehr wartend:

Schlage keinen Nagel in die Wand,
Wirf den Rock auf den Stuhl.
Warum vorsorgen für vier Tage?
Du kehrst morgen zurück.

Laß den kleinen Baum ohne Wasser.
Wozu noch einen Baum pflanzen?
Bevor er so hoch wie eine Stufe ist,
Gehst du froh weg von hier.

Zieh die Mütze ins Gesicht, wenn Leute vorbeigehn!
Wozu in einer fremden Grammatik blättern?
Die Nachricht, die dich heimruft,
Ist in bekannter Sprache geschrieben.

Das Gefühl, immer auf der Durchreise, immer bereit zu sein, eine
Gegebenheit zu verlassen und eine neue einzugehen, hat nicht nur in
der Emigration Brechts Denken und seinen Lebensrhythmus bestimmt. Max Frisch nannte ihn zu Recht einen «Passanten unserer
Zeit». Schon im Porträt *Vom armen B. B.* ist vom Vorläufigen der

Laotse, der das Reich verläßt, übergibt sein Werk Tao Te King dem Grenzwächter. Chinesische Zeichnung

Existenz die Rede; später hat Brecht oft von den *Schrecken einer un-aufhörlichen Verwandlung* gesprochen, die er an sich selbst erlebt habe. Aber in der Emigration, als ihn die Situation auch zu einem dauernden äußeren Wechsel der Bleibe zwang, *öfter die Länder als die Schuhe wechselnd*, ging es ihm darum, wie sein *Laotse auf dem Wege in die Emigration*, Erkenntnisse zu hinterlassen:

> *Als er siebzig war und war gebrechlich,*
> *Drängte es den Lehrer doch nach Ruh.*
> *Denn die Güte war im Lande wieder einmal schwächlich,*
> *Und die Bosheit nahm an Kräften wieder einmal zu.*
> *Und er gürtete den Schuh.*
>
> *Und er packte ein, was er so brauchte:*
> *Wenig. Doch es wurde dies und das.*
> *So die Pfeife, die er immer abends rauchte,*
> *Und das Büchlein, das er immer las.*
> *Weißbrot nach dem Augenmaß.*
>
> *Freute sich des Tals noch einmal und vergaß es,*
> *Als er ins Gebirg den Weg einschlug.*
> *Und sein Ochse freute sich des frischen Grases,*
> *Kauend, während er den Alten trug,*
> *Denn dem ging es schnell genug.*
>
> *Doch am vierten Tag im Felsgesteine*
> *Hat ein Zöllner ihm den Weg verwehrt:*
> *«Kostbarkeiten zu verzollen?» – «Keine.»*
> *Und der Knabe, der den Ochsen führte, sprach:*
> > *Er hat gelehrt.»*
> *Und so war auch das erklärt.*
>
> *Doch der Mann in einer heitren Regung*
> *Fragte noch: «Hat er was rausgekriegt?»*
> *Sprach der Knabe: «Daß das weiche Wasser in Bewegung*
> *Mit der Zeit den mächtigen Stein besiegt.*
> *Du verstehst, das Harte unterliegt.»*
>
> *Daß er nicht das letzte Tageslicht verlöre,*
> *Trieb der Knabe nun den Ochsen an.*
> *Und die drei verschwanden schon um eine schwarze Föhre,*
> *Da kam plötzlich Fahrt in unsern Mann,*
> *Und er schrie: «He, du! Halt an!*

Was ist das mit diesem Wasser, Alter?»
Hielt der Alte: «Interessiert es dich?»
Sprach der Mann: «Ich bin nur Zollverwalter,
Doch wer wen besiegt, das interessiert auch mich.
Wenn du's weißt, dann sprich!

Schreib mir's auf! Diktier es diesem Kinde!
Sowas nimmt man doch nicht mit sich fort.
Da gibt's doch Papier bei uns und Tinte.
Und ein Nachtmahl gibt es auch: ich wohne dort.
Nun, ist das ein Wort?»

Über seine Schulter sah der Alte
Auf den Mann: Flickjoppe. Keine Schuh.
Und die Stirne eine einzige Falte.
Ach, kein Sieger trat da auf ihn zu.
Und er murmelte: «Auch du?»

Eine höfliche Bitte abzuschlagen,
War der Alte, wie es schien, zu alt.
Denn er sagt laut: «Die etwas fragen,
Die verdienen Antwort.» Sprach der Knabe:
                «Es wird auch schon kalt.»
«Gut, ein kleiner Aufenthalt.»

Und von seinem Ochsen stieg der Weise.
Sieben Tage schrieben sie zu zweit.
Und der Zöllner brachte Essen (und er fluchte nur noch leise
Mit den Schmugglern in der ganzen Zeit).
Und dann war's soweit.

Und dem Zöllner händigte der Knabe
Eines Morgens einundachtzig Sprüche ein.
Und mit Dank für eine kleine Reisegabe
Bogen sie um jene Föhre ins Gestein.
Sagt jetzt: kann man höflicher sein?

Aber rühmen wir nicht nur den Weisen,
Dessen Name auf dem Buche prangt!
Denn man muß dem Weisen seine Weisheit erst entreißen.
Darum sei der Zöllner auch bedankt:
Er hat sie ihm abverlangt.

Dieses Gedicht enthält eine der wichtigsten Selbstdeutungen Brechts. Wir wissen, daß er stets das Rollbild eines chinesischen Weisen mit sich führte und daß es in den vielen Wohnungen, die er gehabt hat, der einzige Wandschmuck war. In seinem Gedicht *An die Nachgeborenen* schreibt er von seinem Wunsch, weise zu sein, und klagt über die finsteren Zeiten, die Weisheit nicht mehr erlauben. Wenn er sich nicht als weise im alten Sinne des Wortes fühlen konnte, so glaubte er doch, Forscher und Wissender zu sein, revolutionäre Erkenntnisse zu besitzen, eben jene, die ihm, wie Laotse, die Emigration eintrugen. Welch außerordentliche Bedeutung Brecht diesem Wissen beimaß, geht aus einer Keuner-Geschichte hervor, die er ganz zu Beginn seiner Übernahme des Marxismus formulierte:

«*Wer das Wissen trägt, der darf nicht kämpfen; noch die Wahrheit sagen; noch einen Dienst erweisen; noch nicht essen; noch die Ehrungen ausschlagen; noch kenntlich sein. Wer das Wissen trägt, hat vor allen Tugenden nur eine: daß er das Wissen trägt*», sagte Herr Keuner.

Zur Zeit seiner dänischen Emigration hatte Brecht seine Forderungen an den Wissenden um zwei entscheidende Punkte erweitert; sein Laotse ist nicht nur weise, er ist auch freundlich, und er gibt sein Wissen an den Berufenen weiter, an den fragenden Zöllner. In dem bescheidenen Begriff der Freundlichkeit konzentrieren sich wesentliche Züge von Brechts denkerischem wie menschlichem Verhalten. Die Freundlichkeit schließt ein eine gewisse Höflichkeit – und Distanz: es geht um die Sache des Wissens. In dem Gedicht ist nicht davon die Rede, daß zwischen dem Zöllner und Laotse eine besonders nahe menschliche Verbindung entstand; Laotse ritt weiter, man verabschiedete sich höflich und ohne große Worte, aber er hinterläßt sein Kostbarstes, seine Erkenntnis. Er gibt sie dem, *in dessen Händen sie wirksam ist*, wie Brecht in der Schrift *Fünf Schwierigkeiten beim Schreiben der Wahrheit* sagt. Dieses Verhältnis zwischen Laotse und dem Zöllner zeichnete Brechts Beziehungen zu anderen Menschen in hohem Maße. Wie oft hat er es in seinen Dramen dargestellt. In der *Mutter* rühmt Pelagea Wlassowa im *Lob der dritten Sache* die Verbundenheit mit ihrem Sohn über die gemeinsame Arbeit für eine bessere Welt:

Immerfort hört man, wie schnell
Die Mütter die Söhne verlieren, aber ich
Behielt meinen Sohn. Wie behielt ich ihn? Durch
Die dritte Sache.

Er und ich waren zwei, aber die dritte
Gemeinsame Sache, gemeinsam betrieben, war es die
Uns einte.
Oftmals selber hörte ich Söhne
Mit ihren Eltern sprechen.
Wieviel besser war doch mein Gespräch
Über die dritte Sache, die uns gemeinsam war
Vieler Menschen große, gemeinsame Sache!
Wie nahe waren wir uns, dieser Sache
Nahe! Wie gut waren wir uns, dieser
Guten Sache nahe!

Im *Kaukasischen Kreidekreis* überwiegt sogar, thesenhaft, die Verbindung zur Sache, die innigste menschliche Beziehung, die einer Mutter zu ihrem Kind.

Kaum jemand hat härter als Brecht die zerrütteten menschlichen Verhältnisse in einer zerrütteten Welt gezeichnet. Dort aber wird die Beziehung neu gegründet, wo die Arbeit an der neuen Gesellschaft die Menschen verbindet. Charakteristisch ist das Verhältnis des Galilei zu seinen Schülern. In dem Moment, in welchem er zum Verräter an der Sache wird, weichen alle vor ihm zurück. Ihm bleibt Einsamkeit und Distanz.

Es war eine Eigentümlichkeit Brechts, mit all den vielen Menschen, die ihm nahestanden, zu arbeiten. Er beteiligte selbst die Frauen an seinem Werk, nannte manche, die zeit ihres Lebens mit Literatur nicht das geringste zu tun gehabt hatten, als Mitarbeiter seiner bedeutendsten Stücke. Er hatte die große Gabe, Menschen nicht nur zu faszinieren, sondern eingreifend zu prägen. Wohin er kam, entstand eine Umgebung im Brecht-Stil, mit wem er auch arbeitete – Musiker, Schriftsteller, Bühnenbildner, Schauspieler oder Regisseure – allen verlieh er seine unverwechselbare künstlerische Prägung, ja, zuweilen mittleren Talenten einen Hauch seiner Genialität. Grundsätzlich wandte er sich, bei aller Freude an großen Talenten, auch den geringen, geringgeschätzten zu und brachte sie zu den erstaunlichsten Leistungen, indem er ihre geheimen Fähigkeiten erspürte und ans Licht zog, sie mit seinen Fähigkeiten verband. Immer aber geschah alles im Dienste der Sache. Er beschäftigte sie an seinem Werk, das er wiederum in den Dienst der gesellschaftlichen Umwälzung gestellt hatte. So bettete er sie in eine sehr geschlossene Weltsicht und gab ihnen das Bewußtsein, an einer Arbeit mittun zu dürfen, die weit über die Horizonte seiner Dichtung hinausreichte.

In der Svendborger Zeit kam Brecht, auf der Basis seines marxistischen Einverständnisses mit der *Umänderung der Welt* zu einem

*«Der kaukasische Kreidekreis»: Ernst Busch, Angelika Hurwicz
(Berliner Ensemble)*

Die Eisprobe aus «Das Leben des Galilei»: Gert Schaefer, Ernst Busch, Jochen Scheidler, Lothar Bellag (Berliner Ensemble)

gewissen Abschluß dieses Gebäudes seiner Weltsicht, das er dann in seinen Stücken, seiner Theatertheorie und -praxis, im einzelnen noch verwirklichen, aber nicht mehr von Grund auf ändern sollte, so sehr Änderung und Zweifel mit eingebaut waren:

> *Gelobt sei der Zweifel! Ich rate euch, begrüßt mir*
> *Heiter und mit Achtung den*
> *Der euer Wort wie einen schlechten Pfennig prüft!*
> *Ich wollte, ihr wäret weise und gäbt*
> *Euer Wort nicht allzu zuversichtlich.*

Sein leidenschaftlichster Kampf galt in den Jahren während und nach der Emigration dem Faschismus und dem kapitalistischen System, das er in scharfen Analysen behandelte. In drei Dingen scheint Brecht nie schwankend geworden zu sein: in seinem Glauben an die Notwendigkeit der sozialistischen Revolution, ganz gleich, wie sich der Sozialismus im einzelnen darbieten sollte; in seinem aufklärerischen Glauben an die *sanfte Gewalt der Vernunft – Ohne diesen Glauben*, sagt Galilei, *würde ich nicht die Kraft haben, am Morgen aus meinem Bett aufzustehen*; schließlich in seinem Glauben an die heraufkommende *Neue Zeit*, der er im *Galilei* eine so große, aber einer qualvollen Gegenwart abgerungene Ankündigung gegeben hat:

Ich bleibe auch dabei, daß dies eine neue Zeit ist. Sollte sie aussehen wie eine blutbeschmierte alte Vettel, so sähe eben eine neue Zeit so aus. Der Einbruch des Lichts erfolgt in die allertiefste Dunkelheit. Während an einigen Orten die größten Entdeckungen gemacht werden, welche die Glücksgüter der Menschen unermeßlich vermehren müssen, liegen sehr große Teile der Welt ganz im Dunkel. Die Finsternis hat dort sogar noch zugenommen. Nimm dich in acht, wenn du durch Deutschland fährst und die Wahrheit unter dem Rock trägst...

Von der Sicht seiner großen Stücke aus mag es erscheinen, als habe Brecht in der sozialistischen Revolution einen notwendigen Durchgang erblickt, aber eben den vorgetriebensten und fortgeschrittensten, und im Marxismus eine Richtung des Denkens, die jener ständigen Veränderung des Weltzustands von vornherein zustimmt. Unter diesem Gesichtspunkt enthält das *Leben des Galilei*, sein bedeutendstes Stück, die vollständigste Wiedergabe seiner Gedankenwelt.

Äußerer Anlaß der Niederschrift des *Galilei* war die Nachricht von der Spaltung des Uran-Atoms durch die deutschen Physiker. An der Figur des Galilei entwickelte Brecht zwei Fragen unseres Jahrhunderts: einmal die Frage nach wissenschaftlichem Fortschritt und gesellschaftlicher Moral, die, wenige Jahre später, als Brecht mit Charles Laughton in Amerika das Stück inszenierte, durch den Fall Oppenheimer eine brennende Aktualisierung erhielt; weiter eine Frage, die er auch in seiner Schrift *Fünf Schwierigkeiten beim Schreiben der Wahrheit* behandelte, nämlich die nach dem Durchsetzen und Praktizieren der erkannten Wahrheit unter einer herrschenden Macht, die daran interessiert ist, diese Wahrheit, welche ihre Herrschaft bedroht, zu verbergen. Beide Fragen münden in das Problem von erkenntnismäßigem Fortschritt und sozialer Revolution. Das eine ohne das andere, meint Brecht, müsse der Gesellschaft zum Verderben werden. *Ihr mögt mit der Zeit alles entdecken, was es zu entdecken gibt*, sagt Galilei, *und euer Fortschritt wird doch nur ein Fortschreiten von der Menschheit weg sein. Die Kluft zwischen euch und ihr kann eines Tages so groß werden, daß euer Jubelschrei über irgendeine neue Errungenschaft von einem universalen Entsetzensschrei beantwortet werden könnte.* Darum verschärfte Brecht in der Ausführung des Berliner Ensembles kurz vor seinem Tode die Verdammung des großen Galilei, der *die revolutionäre Theorie geliefert, aber die Praxis nicht geschafft hat.*

Galileis Figur ist zwiespältig. Er wird einerseits als großer Mann geschildert, als bedeutender Gelehrter, dessen ganze Leidenschaft das Forschen ist, das er einfach nicht lassen kann. Aber in den späteren Jahren ist es zum Laster und Selbstzweck geworden, da er die Praktizierung abgelehnt hat.

Galilei ist kein zerstreuter Wissenschaftler, sondern ein sinnlicher, lebensfroher Mann, der gern ißt und es angenehm hat, der vor allem Freiheit für seine Forschung will: *Mein Lieber, ich brauche Muße. Und ich will die Fleischtöpfe.* Er benutzt zynisch seine *Oberen* und scheut nicht Unterwerfung und Betrug im Dienste dieser Forschung. Diese Eigenschaften, die sich aus dem baalischen Lebensrecht ableiten lassen, legen den Gedanken nahe, daß Brecht sich hier auch mit seiner Figur auseinandergesetzt hat. Galileis Leidenschaft zu forschen, seine Art, sich zu bewegen, zu lehren, sein Glaube an die Vernunft, sein Wissen um die sozialen Konsequenzen seiner Erkenntnisse, seine Einsicht in die Notwendigkeit der gesellschaftlichen Umänderung, seine Sympathie für die Campagnabauern, für die er letztlich arbeitet – sind Charakteristika Brechts. Daß Galilei kein Held und Märtyrer ist, macht ihn für Brecht nicht undiskutabel. Von der kurzen Periode seiner abstrakten Lehrstücke abgesehen, hat ihn das Problem des Überlebens mehr als das des Märtyrertums beschäftigt, und ein Satz, den Galilei nach seinem schmählichen Widerruf sagt, klingt sehr nach einer Rechtfertigung. *Unglücklich das Land, das keine Helden hat*, ruft ihm sein Schüler Andrea zu. *Nein*, antwortet Galilei. *Unglücklich das Land, das Helden nötig hat.* Bei allem Versagen bleibt Galilei, gegenüber seiner Umgebung, selbst gegenüber seinem Schüler Andrea, den Brecht moralisch so ausdrücklich ins Recht setzt, immer der große Mann. Noch in der äußersten Verkommenheit und Erniedrigung der Gefangenschaft durch die Inquisition liefert er noch die unter Entbehrungen geschriebenen «Discorsi» ab, das Werk, das die große Revolution der Physik einleiten wird. Aber der Zeitpunkt der sozialen Revolution ist verpaßt. Seine Verdammung übernimmt Galilei selbst, da niemand in seiner Umgebung berechtigt wäre, das Urteil über ihn zu sprechen: *Einige Jahre lang war ich ebenso stark wie die Obrigkeit. Und ich überlieferte mein Wissen den Machthabern, es zu gebrauchen, es nicht zu gebrauchen, es zu mißbrauchen, ganz wie es ihren Zwecken diente. Ich habe meinen Beruf verraten. Ein Mensch, der das tut, was ich getan habe, kann in den Reihen der Wissenschaft nicht geduldet werden.*

Gegenüber den Thesen der Lehrstücke aus den zwanziger Jahren sind die Anschauungen Galileis völlig undogmatisch; seine Weltsicht ist «im Fluß», experimentell, wissenschaftlich, auf Grund bestimmter Erkenntnisse fortschreitend. *Meine Absicht ist nicht zu beweisen, daß ich bisher recht gehabt habe, sondern: herauszufinden, ob* – sagt

Szenenbild aus «Das Leben des Galilei»
(Ernst Busch, Regine Lutz)

*«Der gute Mensch von Sezuan» (Käthe
Reichel als Shen Te, Berliner Ensemble)*

Galilei. Diesen Ausspruch bezeichnete Brecht später bei der Inszenierung durch das Berliner Ensemble als den für einen Marxisten wichtigsten Satz. *Auf keinen Fall*, heißt es im *Galilei* weiter, *darf der*

alte Glaube durch einen neuen Glauben ersetzt werden, den schreck-lichen Wunsch nach Blindheit. Und: *Die Wahrheit ist das Kind der Zeit, nicht der Autorität.* Die Kirche wiederum ist als *weltliche Obrig-keit* dargestellt, *ihre Ideologie als im Grunde austauschbar mit man-cher anderen.*

Die Anschauungen Galileis sind revolutionär schlechthin, sie wen-den sich gegen Obrigkeit jeder Art und überall dort, wo sie mit Dog-men und *neuem Glauben* ihre Macht wider den Fortschritt der Zeit zu stabilisieren sucht.

Zu gleicher Zeit wie *Galilei* entstand *Der gute Mensch von Sezuan*, worin Brecht wieder auf seine zum erstenmal in *Mann ist Mann* ent-wickelte Parabelform zurückgreift. Das Stück behandelt, wie *Die sie-ben Todsünden*, die Selbstentfremdung des Menschen und ist in Form eines Arguments und dessen szenischer Untersuchung aufgebaut. Drei Götter kommen in die Provinz Sezuan, um zu überprüfen, ob die Welt noch gut genug ist. *Die Welt kann bleiben wie sie ist, wenn genügend gute Menschen gefunden werden, die ein menschenwür-diges Dasein führen.* An Hand der nun abrollenden Ereignisse zeigt Brecht, daß der einzige gute Mensch, den die Götter finden, in-mitten des systematisierten Elends nicht gut sein kann. Shen Te ru-iniert sich in kürzester Zeit durch ihre Güte. Um überhaupt leben zu können, teilt sie sich in den bösen *Vetter* Shui Ta und die gute Shen Te in Form einer ähnlichen Art der *Ummontierung*, wie wir sie in *Mann ist Mann* finden. Was sie als Shen Te Gutes tut, zerstört sie als Shui Ta. Zum Schluß, als ihr Betrug enthüllt wird, bleibt sie verzweifelt zurück, während sich die Götter auf rosa Wolken erheben und den guten Menschen von Sezuan preisen, sich selbst alles Elend zune-belnd, nur, damit die Welt nicht geändert werden müsse. An dieser Stelle bricht die Handlung unvermittelt ab, ein Spieler tritt vor den Vorhang und fragt das Publikum nach der Lösung:

Soll es ein andrer Mensch sein? Oder eine andre Welt?
Vielleicht nur andre Götter? Oder keine?

Die Lösung wird dem Publikum nahegelegt, aber die Entscheidung ihm selbst überlassen. Brechts Lehrtheater mit den dogmatisch häm-mernden Thesen hat sich verwandelt in ein Lehrtheater, das Anstoß zu einer Denkrichtung gibt und Fragen stellt.

Der gute Mensch von Sezuan ist ein bewußt antimetaphysisches Stück. Die Götter erscheinen freundlich, aber weltenfremd. Das Män-nergesangverein-Terzett, das sie singen, indem sie sich auf rosa Wol-ken erheben, ist eine starke Persiflage, die eine gewisse Verwandt-schaft mit der Kanonisierung der Johanna der Schlachthöfe hat. Die Diskrepanz zwischen ihrem Gesang und dem Elend ihres einzigen guten Menschen ist ebenso kraß wie der Lobgesang der Packherren über der sterbenden und sie verfluchenden Johanna.

Die Handlung wird auf verschiedene Weise ständig diskutiert, nicht nur durch Songs und Adressen an das Publikum, sondern auch noch durch Zwischenspiele, in denen der Wasserverkäufer Wang mit den Göttern die inzwischen abgelaufenen Ereignisse bespricht. Das Lehrtheater Brechts – und das Stück ist ein Resultat der Formversuche aus den zwanziger Jahren – hat hier eine außerordentlich differenzierte Stufe erreicht. Zwar dient die Handlung dem Argument und dem denkerisch durchgeführten Beweis, aber sie bleibt zugleich blutvolles, lebendiges Theater. Die Sprache ist nicht mehr hämmernd und trocken, sondern von einer zum Teil ausgesprochen lyrischen Schönheit:

In der Frühe habe ich die Stadt nie gesehen. In diesen Stunden lag ich immer noch mit der schmutzigen Decke über der Stirn, in Furcht vor dem Erwachen... Ich sage euch, die Häusermassen sind in der Frühe wie Schutthaufen, in denen Lichter angezündet werden, wenn der Himmel schon rosa und noch durchsichtig, weil ohne Staub ist.

Noch einige Reminiszenzen früher Formulierungen tauchen auf, so eine von Brechts makabren Hochzeitsszenen, die jede Person desillusioniert und die schaurige Enthüllung der gesamten Situation bringt. Dann findet sich im *Lied vom Rauch* noch einmal die fatalistische Gebärde des jungen Brecht, die aber jetzt eine besondere soziale Lage kennzeichnet:

> *Einstmals, vor das Alter meine Haare bleichte*
> *Hofft mit Klugheit ich mich durchzuschlagen.*
> *Heute weiß ich, keine Klugheit reichte*
> *Je, zu füllen eines armen Mannes Magen.*
> > *Darum sagt ich: laß es!*
> > *Sieh den grauen Rauch*
> > *Der in immer kältere Kälten geht: so*
> > *Gehst du auch.*

Ein anderes den Versuchen der zwanziger Jahre verpflichtetes Lehrstück ist das *Verhör des Lukullus*, eine von Brechts großen Auseinandersetzungen mit dem Krieg. Das düstere Schattengericht über den Feldherrn Lukullus, als Hörspiel konzipiert, erreicht eine gewaltige episch szenische Form, die, in ihrem wuchtigen archaisierenden Gestus nahe an die äschyleische Tragödie rückt. Das ganze Stück, das mit dem Begräbnis des Lukullus beginnt, läuft in Form einer Gerichtsverhandlung ab, und eben jene, die unter des Lukullus Heldentaten zu leiden hatten, sind nun die Richter. Der Krieg wird von der «anderen Seite» betrachtet und seines Heldenmythos beraubt.

> Immer doch
> Schreibt der Sieger die Geschichte des Besiegten,
> Dem Erschlagenen entstellt
> Der Schläger die Züge. Aus der Welt
> Geht der Schwächere, und zurückbleibt
> Die Lüge.

Die Perspektive der «anderen» Seite, die Marx einführte, indem er die Geschichte als eine Geschichte von Klassenkämpfen definierte und statt der Geschichte der Herrschenden die Geschichte der Beherrschten ins Auge faßte, wendete Brecht in allen Literaturformen an; sie ist der eigentliche Ausgangspunkt seiner Verfremdungstechnik, die, mit den mannigfachsten Mitteln, die zur Gewohnheit gewordenen Blickpunkte durchbricht, die *Verwunderung am gewohnten Vorgang* provoziert und das Vertraute unter einen ungewohnten Aspekt stellt. Dieser Aspekt aber ist immer der sozialkritische:

FRAGEN EINES LESENDEN ARBEITERS

> Wer baute das siebentorige Theben?
> In den Büchern stehen die Namen von Königen.
> Haben die Könige die Feldsbrocken herbeigeschleppt?
> Und das mehrmals zerstörte Babylon –
> Wer baute es so viele Male auf? In welchen Häusern
> Des goldstrahlenden Lima wohnten die Bauleute?
> Wohin gingen an dem Abend, wo die chinesische Mauer fertig war,
> Die Maurer? Das große Rom
> Ist voll von Triumphbögen. Wer errichtete Sie? Über wen
> Triumphierten die Cäsaren? Hatte das vielbesungene Byzanz
> Nur Paläste für seine Bewohner? Selbst in dem sagenhaften Atlantis
> Brüllten in der Nacht, wo das Meer es verschlang,
> Die Ersaufenden nach ihren Sklaven.

> Der junge Alexander eroberte Indien.
> Er allein?
> Cäsar schlug die Gallier.
> Hatte er nicht wenigstens einen Koch bei sich?
> Philipp von Spanien weinte, als seine Flotte
> Untergegangen war. Weinte sonst niemand?
> Friedrich der Zweite siegte im Siebenjährigen Krieg. Wer
> Siegte außer ihm?

*Jede Seite ein Sieg.
Wer kochte den Siegesschmaus?
Alle zehn Jahre ein großer Mann.
Wer bezahlte die Spesen?*

*So viele Berichte.
So viele Fragen.*

98

Das *Verhör des Lukullus* macht diesen «anderen» Blickpunkt zum Ansatz seiner Fragestellung. Das Resümee bleibt, der Brechtschen Methode entsprechend, offen. Das Stück heißt *Verhör des Lukullus*, Verdammung und Urteil werden ausgespart, bzw. es wird dem Publikum überlassen, seine Folgerungen aus dem Vorgeführten zu ziehen. Nach seiner Heimkehr in die DDR änderte Brecht, in der vieldiskutierten Aufführung der Berliner Staatsoper, den Text. Statt

Aus «Mutter Courage»: das Gespräch zwischen dem Feldgeistlichen (Werner Hinz), Mutter Courage (Helene Weigel) und dem Koch (Paul Bildt)

den Krieg schlechthin zu verdammen, schaltete er eine Verteidigung des Defensivkrieges ein und wurde mit der Verdammung des Lukullus zum Schluß deutlich: *Ah ja, ins Nichts mit ihm!* Das Stück, von Paul Dessau als Oper komponiert, hieß jetzt *Die Verurteilung des Lukullus.*

Gleichzeitig mit dem *Verhör des Lukullus* entstand *Mutter Courage und ihre Kinder*. Beide Stücke wurden 1938 begonnen und 1939 in Schweden abgeschlossen. Über *Sund und Laubwerk* hörte Brecht nicht nur die Schreie aus den Lagern, er sah auch den Krieg heraufdämmern. Während sich Hitler bereit machte, eine ganze Welt mit Krieg zu überziehen, schrieb Brecht die Tragödie der Courage, die nichts aus den Katastrophen lernt. Mutter Courage glaubt, der Krieg sei ein Geschäft. Die These ist nicht falsch, aber sie vergißt eines: das Geschäft macht nicht sie. Freilich ernährt der Krieg sie scheinbar; als Marketenderin zieht sie mit den Soldaten und schlägt ihre Ware los. Jedesmal durch ein Handelsinteresse aber verliert sie ihre drei Kinder und zieht zum Schluß, elend und ausgehungert, aber immer noch weiter auf Handel hoffend, hinter den zerlumpten Heeren her. Sie hat durch den Krieg alles verloren, was sie besaß, aber sie glaubt doch weiter ihren «Schnitt» machen zu können. – Brecht erreicht innerhalb der epischen Szenenfolge der Chronik einen ganz neuen Formausdruck des Theaters. Der Krieg stellt sich dar, im Auf und Ab seiner sinnlosen Siege und Niederlagen, seinen den verschiedenen Machtinteressen wechselseitig aufgeklebten Ideologien, als ein unaufhörlich sich verschlimmernder Zustand, der unentrinnbar in die Katastrophe führen muß. In der späteren Inszenierung durch das Berliner Ensemble unterstrich Brecht die langsame, immer schauerlichere Verwüstung und Vernichtung, indem er die Szene immer grauer, düsterer und eintöniger werden ließ, die Menschen immer zerlumpter und elender. Selbst die lebenstrotzende und tüchtige Courage entrinnt nicht der zermürbenden Gewalt des Krieges.

Innerhalb dieses Verlaufs durchleuchten kleine Kontrastszenerien blitzartig die Situation und machen sie durchsichtig. Der Krieg erscheint im «anderen» Blickpunkt, z. B. führt Brecht die Courage in Bild 6 auf die Höhe ihres Wohlstands, zugleich aber verstümmelt die Soldateska ihre Tochter. Oder: Mutter Courages Sohn Eilif, der noch nichts vom plötzlichen Frieden nach der Schlacht bei Lützen gehört hat, betreibt seine Plündereien, für die er im Krieg ausgezeichnet wurde, weiter und wird nun dafür hingerichtet. Die Heldentat ist plötzlich Verbrechen. Oder: Nicht wissend, daß ihr der Krieg gerade den zweiten Sohn genommen hat, singt Mutter Courage ein Loblied auf den Krieg, der *seinen Mann ernährt*. Diese «Verfremdungsmethodik» geht bis in die Sprache. Beachten wir folgende Plauderei zwischen Mutter Courage, dem Koch und dem Feldprediger:

MUTTER COURAGE: *Die Polen hier in Polen hätten sich nicht einmischen sollen. Es ist richtig, unser König ist hier bei ihnen eingerückt mit Roß und Mann und Wagen, aber anstatt daß die Polen* den Frieden aufrechterhalten haben, haben sie sich eingemischt in ihre eigenen Angelegenheiten und den König angegriffen, wo er grad in aller Ruh dahergezogen ist. So haben sie sich eines Friedensbruchs schuldig gemacht, und alles Blut kommt auf ihr Haupt ...

DER KOCH: ... aber weil wir vom König sprechen, die Freiheit, wo er hat einführen wollen in Deutschland, die hat sich der König genug kosten lassen, in dem er die Salzsteuer eingeführt hat in Schweden, was die armen Leut, wie gesagt, was gekostet hat, und dann hat er die Deutschen noch einsperren und vierteilen müssen, weil sie an ihrer Knechtschaft gegenüber dem Kaiser festgehalten haben. Freilich, wenn einer nicht hat frei werden wollen, hat der König keinen Spaß gekannt. Zuerst hat er die Polen schützen wolln vor dem Kaiser, aber dann ist ihm mitn Essen der Appetit gekommen, und er hat ganz Deutschland geschützt. Es hat sich nicht schlecht widersetzt.

Aus diesem Gespräch geht hervor, daß man sich bei den *Unteren* keine Illusionen macht. Auch Mutter Courage weiß im Grunde, was gespielt wird, aber das Handelsinteresse, der persönliche Vorteil, macht sie immer wieder blind.

Der Dramatiker Friedrich Wolf korrespondierte später mit Brecht darüber, warum er zum Schluß nicht eine Wandlung der Courage gezeigt habe. *In dem vorliegenden Stück ist dargestellt*, antwortete Brecht, *daß die Courage aus den sie betreffenden Katastrophen nichts lernt – das Publikum könnte, meiner Ansicht nach, dennoch etwas lernen, sie betrachtend* ... Wir wissen nicht, wie weit er diese Hoffnung wirklich gehabt hat. Das Jahr 1939 gab dem bitteren Fatalismus mehr recht, der über diesem Stück liegt, als der vagen Hoffnung auf eine Änderung. In der direkten dichterischen Aussage Brechts versinkt das winzige Licht einer solchen Hoffnung im grauen Meer der Tatsachen, wie sie sich düsterer im letzten Krieg nicht bestätigen konnten.

In seinem *Dreigroschenroman*, den er in der dänischen Emigration abschloß, triumphieren die Geschäfte in noch ganz anderer Weise über ihre Opfer. Der Schatten einer Welt von erbarmungsloser Kälte erstickt hier die Hoffnung auf die große Umänderung, die nur noch der Elendste hat, der Kriegskrüppel Fewcoombey.

Der *Dreigroschenroman* ist eines der eigenartigsten Romanwerke der modernen Literatur. Die Verfremdungstechnik und die kommentierende Schreibweise übertrug Brecht hier auf den Roman zum Zweck der sozialkritischen Analyse. Man kann ebenso sagen, daß der *Dreigroschenroman* in der minuziösen Darstellung einer durch

Ware entfremdeten Welt bestehe, wie daß Brecht, befremdet, das Modell der Geschäftsunternehmen zeichne, und zwar von dem Blickpunkt aus, wo sich die moralischen, politischen und ökonomischen Fragen treffen – eine Perspektive, die auch in seinem nachgelassenen Romanfragment *Die Geschäfte des Herrn Julius Cäsar* vorherrscht. Der Stil lakonischer Amüsanz und grimmiger Ironie, der in der *Dreigroschenoper* speziell Peachums Kommentare charakterisierte, durchzieht das ganze Buch und enthüllt eine Welt von bleierner Grauenhaftigkeit. Der Roman mündet in den Traum des Soldaten Fewcoombey, in das große Gericht der sozialen Revolution, in der *alle klagen können, die jemals zu Boden getreten worden waren.* Aber es ist bezeichnend, daß dies Gericht ein Traum des Unterdrücktesten bleibt, der noch, zum Hohn, unschuldig für das Verbrechen des Maceath hingerichtet wird – *in Anwesenheit und unter dem Beifall einer großen Menge von Kleingewerbetreibenden, Nähmädchen, invaliden Soldaten und Bettlern.* Ein düsterer, hoffnungsloserer Schluß läßt sich kaum denken. Erinnern wir uns, daß Brecht auch das Gericht über den Feldherrn Lukullus in das Schattenreich verlegt hat, so erhebt sich die Frage, in welcher Form er noch an die Verwirklichung der sozialen Revolution geglaubt hat.

Die Arbeit an den Dramen war begleitet von einer Reihe Aufsätze zur Ästhetik, worunter der Schrift *Über reimlose Lyrik mit unregelmäßigen Rhythmen* besondere Bedeutung zukommt. Darin legte Brecht seine gestische Verstechnik theoretisch dar und führte damit das Problem des Verses im modernen Drama, um das sich auch T. S. Eliot, mit weniger Erfolg, bemüht hat, zu seiner glücklichsten und überzeugendsten Lösung. Eine andere wichtige Diskussion aus den dänischen Jahren betrifft die des Realismus, der in der marxistischen Ästhetik bis zum Überfluß mit Naturalismus primitivster Ordnung verwechselt worden ist. Brechts Revolutionierung der stanislawskijschen Spielweise fand in dem Essay *Weite und Vielfalt der realistischen Schreibweise* ihre Fortsetzung. Brecht wendet sich gegen *die Tendenz, der realistischen Schreibweise vom Formalen her Grenzen zu setzen,* und verteidigt im Grunde sein paradigmatisches Theater, das ihn, innerhalb der stalinistischen Kunstdoktrin, in die Reihe der Formalisten verwies. Er ließ diesen Aufsatz 1938 als erstes in der von ihm redigierten Emigrantenzeitschrift «Das Wort» in Moskau drucken, zu einer Zeit also, da Schdanows Formalismusverfolgungen ihren Höhepunkt erreichten.

Die Arbeit unterm *dänischen Strohdach* wurde jäh unterbrochen, als die deutschen Truppen Dänemark besetzten. Brecht flüchtete im April 1939 nach Schweden, wo die Schauspielerin Naima Wifstrand, die in einer schwedischen Aufführung der *Gewehre der Frau Carrar* die Hauptrolle übernahm, der Familie Brechts eine Villa in Lidingö bei Stockholm besorgte. Hier lebte Brecht ein Jahr. Im April 1940 begab er sich nach Helsinki, wo er hoffte, sich leichter ein amerikanisches Visum beschaffen zu können. Er lernte die finnische Dichterin Hella Wuolijoki kennen und wohnte vier Monate auf ihrem Gut Marlebäck.

Auf diesem Gut entstand, zunächst in gemeinsamer Arbeit mit Hella Wuolijoki, die Urfassung von *Herr Puntila und sein Knecht Matti*, die Brecht später in Amerika entscheidend änderte. Es handelt sich um ein Volksstück, das Brecht nach den *Streichen und Abenteuern alter Volksepen* aufbaute, womit er, in einer Mischung elementarer Formen wie Balladen, Historie und Revue, eine neue Tradition des Volksstücks begründen wollte. Der politische Gehalt des Stücks, das Problem Herr und Knecht, gerät in ein echt brechtsches Zwielicht durch die vollsaftige Figur des Gutsbesizters Puntila, dem Brecht erst in der Inszenierung durch das Berliner Ensemble noch einige zusätzliche unsympathische Züge verlieh. Seine lebenstrotzende Vitalität überspielte die sozialkritische Beleuchtung, ein vielschichtiges und reichhaltiges Manko, das er mit der Figur des Galilei und der Courage in gewisser Weise teilt. Die widersprüchliche Problematik der großen, vitalen Persönlichkeit, die zum sozialen Schädling wird, so zugleich Bewunderung und Mißtrauen provozierend, hat Brecht von je fasziniert.

In *Puntila* ist viel vom Frieden des finnischen Landlebens eingegangen, der den Flüchtling Brecht kurze Zeit trügerisch umgab:

> Milchkesselklirren im finnischen Birkendom
> Nachtloser Sommer über mildem Strom
> Rötliche Dörfer, mit den Hähnen wach
> Und früher Rauch steigt grau vom Schindeldach . . .

Die ländliche Idylle dauerte knapp ein Jahr. Als sich, wie Brecht schrieb, *das Land mit Nazidivisionen füllte*, flüchtete Brecht weiter nach Moskau. Er hielt sich dort nur zwei Wochen auf. Die Aussagen darüber lauten verschieden. In Hollywood hatten sich Arbeitsmöglichkeiten für ihn aufgetan, und der nächste Weg nach Amerika führte damals – über Rußland. Als Bleibe scheint er von vornherein die UdSSR nicht in Betracht gezogen zu haben:

> Im Lautsprecher höre ich die Siegesmeldungen des Abschaums
> Neugierig betrachte ich die Karte des Erdteils
> Hoch oben in Lappland
> Nach dem nördlichen Eismeer zu
> Sehe ich noch eine kleine Tür.

«Herr Puntila und sein Knecht Matti» (Leonhard
Steckel, Erwin Geschonnek; Berliner Ensemble)

Brechts Beziehungen zu Moskau waren problematisch. Schon im Jahre 1935, als er mit Willi Bredel die Herausgabe der Zeitschrift «Das Wort» übernahm, war er dort mit Erwin Piscator, Carola Neher, Bernhard Reich und Sergej M. Tretjakov zusammengekommen, mußte aber feststellen, daß man ihn offiziell, ungeachtet der Bemühungen Tretjakovs, kaum wahrgenommen hatte. Tairovs Aufführung der *Dreigroschenoper* machte ihm wenig Freude, sein Film *Kuhle Wampe* fand kühle Aufnahme. Unter den deutschen Emigranten beherrschte die Gruppe Alfred Kurella, Johannes R. Becher und Georg Lukács das Terrain, von Brecht als die *Moskauer Clique* und die *Murxisten* betitelt, die seit Ende der zwanziger Jahre mit der Gruppe Brecht–Benjamin–Eisler in intimer Fehde um den nun offiziell sanktionierten «sozialistischen Realismus» lag.

Zudem scheint ihm im Jahre 1941 die Konfrontation mit den Zuständen in Moskau sehr deprimiert zu haben. Es war das Moskau nach den Schauprozessen, einer Zeit der beklemmenden persönlichen Unsicherheit aller. Jeder mußte jeden Augenblick gewärtig sein, verhaftet zu werden, oft aus ganz absurden Gründen. Man weiß, daß Brecht nach seiner Freundin, der Schauspielerin Carola Neher, der ersten Darstellerin der Polly, gesucht hat, die man verhaftet hatte. Er konnte sie einmal sprechen, aber nicht ihr helfen.

In seinem *Arbeitsjournal* notierte er im Jahre 1939 als Resümee Stalinscher Maßnahmen: *auch kolzow verhaftet in Moskau, meine letzte russische Verbindung mit drüben. niemand weiß etwas von tretjakow, der «japanischer Spion» sein soll. niemand etwas von der neher, die in prag im auftrage ihres mannes trotzkistische geschäfte abgewickelt haben soll. reich und asja lacis schreiben mir nie mehr, grete bekommt keine antwort mehr von ihren bekannten im kaukasus und in leningrad. auch béla kun ist verhaftet, der einzige, den ich von den politikern gesehen habe. meyerhold hat sein theater verloren, soll aber opernregie machen dürfen. literatur und kunst scheinen beschissen, die politische theorie auf den hund, es gibt so etwas wie einen beamtenmäßig propagierten dünnen blutlosen proletarischen humanismus.*

Zudem bot sich für Brecht in Rußland keine Arbeitsmöglichkeit. Er war kaum bekannt, man las ihn nicht, man zählte ihn allenfalls zu den sympathisierenden bürgerlichen Intellektuellen, die weiter kein Gehör bei der Arbeiterschaft hatten.

Man bereitete ihm nicht jene überwältigenden Empfänge, mit denen andere Schriftsteller überrascht wurden. Als er ein- oder zweimal bei offiziellen Instanzen eingeladen war, soll ihn das Bonzentum und die Art der Belustigungen abgestoßen haben. Er hatte wohl den Eindruck, hinter der Kulisse des Sozialismus geschähe ganz etwas anderes ... Walter Benjamin gegenüber sprach er von der *Diktatur ü b e r das Proletariat.*

Während seines Moskauer Aufenthalts soll Brecht dauernd im Studio Wsewolod Meyerholds der Regiearbeit zugesehen haben. Meyerhold war damals schon offiziell verfemt. Er leitete, unter dem persönlichen Schutz seines ehemaligen Lehrers Stanislavskij, ein experimentelles Studio am Künstlertheater. Schon im Jahre 1919 hatte Brecht die Meyerholdsche Theaterarbeit bei dessen Berliner Gastspiel studiert und sich theoretisch mit ihr auseinandergesetzt. Über Piscator drangen schon damals verschiedene Verfahren des russischen Revolutionstheaters, dessen Exponent Meyerhold war, in Brechts Theaterkonzeption ein. Zum Beispiel gehen auf Meyerholds Erfindung zurück: der Verfremdungseffekt, verschiedene Mittel zur Überwindung der Illusionsbühne wie die kommentierenden Projektionen, der Einbau von verselbständigter Musik und Songs, die Entwicklung des «bewußten» Schauspielers, das direkte Ansprechen der Zuschauer, die hell ausgeleuchtete Szene, die Stilisierung und Maskierung der Figuren nach der Klassenzugehörigkeit. Offenbar hat Brecht in Moskau versucht, seine eigene Theaterkonzeption mit der Meyerholds zu konfrontieren.

Im Jahre 1936 erreichten die offiziellen Attacken gegen Meyerhold ihren Höhepunkt. Man weiß nicht, wie Brecht sich dazu gestellt hat. Tatsache bleibt, daß er mit seinem Anhang weiterfuhr bis an das äußerste Ende Rußlands, nach Wladiwostok. Von dort nahm sie ein schwedischer Frachter mit an die kalifornische Küste, nach San Pedro, wo die Freunde Lion Feuchtwanger und Peter Lorre sie erwarteten und zunächst einmal unterbrachten. Die Stationen der Flucht führte Brecht in einem kleinen Gedicht auf:

> *Nacht auf der Nyborgschaluppe*
> *Frührot im finnischen Ried*
> *Zeitung und Zwiebelsuppe*
> *New York. Fiftyseventh street*

> *Im Paris der Kongresse*
> *Svendborg und Wallensback*
> *Londoner Nebel und Nässe*
> *Auf der Annie Johnson Deck*

> *Zelt auf der Borkenkuppe*
> *In Marlebeaks Morgengrauen*
> *O Fahne der Arbeitertruppe*
> *In der Altstadt von København!*

In diesem Gedicht erscheint nicht Moskau, aber, gleichnishaft und führend, die Fahne der Arbeitertruppe, die ihm wohl mehr bedeutet hat.

Brecht ließ sich in Hollywood nieder, oder, wie er immer betonte, in Santa Monica, einem Städtchen fünf Meilen von Hollywood entfernt, wo auch Thomas und Heinrich Mann wohnten. Hier fand man ein altes, aufgestocktes Ranchhaus mit einem Garten von südlicher Üppigkeit, und Brecht sollte einige Jahre Ruhe finden. Er hat sich immer entschuldigt, in Hollywood zu leben. *Ich habe kein Geld und also keine Wahl, dort zu sein,* schrieb er, und: *Wir leben in einer würdelosen Stadt.* Er mußte versuchen, mit dem Schreiben von Filmszenarien Geld zu verdienen. Er entwarf Filme zusammen mit Vladimir Pozner, Fritz Kortner, Eric Bentley und Fritz Lang, erlitt aber einen Fehlschlag nach dem andern.

> *Jeden Morgen, mein Brot zu verdienen,*
> *Gehe ich auf den Markt, wo Lügen gekauft werden.*
> *Hoffnungsvoll*
> *Reihe ich mich ein zwischen die Verkäufer.*

Nur ein Szenario wurde verkauft und gedreht: *Hangmen also die,* ein Film, der das Treiben Freislers in der Tschechoslowakei behandelte. Inmitten der Traumfabrik einer Gesellschaftsform, die zu bekämpfen er als seine Aufgabe ansah, führte Brecht ein Leben im Zorn, und er schrieb kleine, böse Analysen der amerikanischen Gesellschaft, unvollendete Skizzen, die, wären sie veröffentlicht worden, dem Gastland keineswegs freundlich in den Ohren geklungen hätten. Und in dem bäurischen Starrsinn, der ihm eigen war, machte er sich daran, das Kommunistische Manifest in Verse zu übertragen, um seine *propagandistische Wirkung, heute, hundert Jahre später, mit neuer, bewaffneter Autorität zu versehen.* Die Arbeit ist Fragment geblieben.

Der große «Magnet» und «Menschenkonsument» Brecht sammelte bald wieder eine Menge alter und neuer Freunde um sich, arbeitete an seinen Dramen und baute, in Diskussionen und Gesprächen, seine Theatertheorie weiter aus. Dabei veränderte er nicht das Fundament seines Denkens. Seine Methodik des Zweifelns und ständigen Änderns bewegte sich über einer unangetasteten marxistischen Basis, wenn er sich auch mit den Ereignissen in Rußland auseinandersetzte und, wie Freunde versichern, aufs allerschärfste die stalinistische Blutjustiz verurteilte. Der Öffentlichkeit gegenüber enthielt er sich der Stellungnahme.

In Hollywood nahm Brecht seine Kontakte auf, so gleich zu Anfang mit Charlie Chaplin, einem seiner großen Vorbilder, dessen stilisierte Schauspielkunst in ihrer Herkunft vom pantomimischen Volkstheater Brechts Theaterauffassung stets stark beeinflußt hat, ja, er übernahm sogar Chaplinsche Einfälle in seine Theaterstücke. So stammt zum Beispiel Puntilas Charakteristikum, menschlich nur in betrunkenem Zustande zu sein, von Chaplins Millionär aus «City Lights» und im *Kaukasischen Kreidekreis* Grusches Zögern vor der Übernahme des Kindes aus «The Kid» ... Zwischen den Häusern Brecht und Chaplin entwickelte sich Freundschaft und Gastlichkeit. Bei den Zusammenkünften machte Chaplin meist den Akteur, Brecht den genießerischen Zuschauer. Später soll Brecht einmal geäußert haben: *Es gibt nur zwei Regisseure* ... Der andere war Chaplin.

Mit Thomas und Heinrich Mann, Franz Werfel und anderen hatte Brecht einen Leseklub, in dem man sich einmal wöchentlich traf und vorlas, diskutierte und, gelegentlich, politisch zerstritt.

Nicht weit von Brecht entfernt wohnte Lion Feuchtwanger, mit dem er zusammen während der amerikanischen Jahre *Die Gesichte der Simone Machard* schrieb, ein Schauspiel, das aus einer seltsamen Mischung von politischem Aktionsstück und Traumdrama besteht. Hier behandelt Brecht das Thema des Widerstands. Im besetzten Frankreich träumt sich die kleine Magd Simone Machard in die Rolle der Jeanne d'Arc; sie wird zur Märtyrerin durch die korrumpierte Bourgeoisie, die sich aus Geschäftsgeist mit den Nazis gegen die *Unteren* verbündet. In *Simone Machard* wird der Geist des Widerstands als grundsätzliche Forderung formuliert:

SIMONE: *Sollen wir auch noch kämpfen, wenn der Feind schon gesiegt hat?*
DER ENGEL: *Geht da ein Nachtwind heute?*
SIMONE: *Ja.*
DER ENGEL: *Steht da nicht ein Baum im Hof?*
SIMONE: *Ja, die Pappel.*
DER ENGEL: *Rauschen die Blätter, wenn der Wind geht?*
SIMONE: *Ja, deutlich.*
DER ENGEL: *Dann soll auch gekämpft werden, wenn der Feind gesiegt hat.*

Simone Machard ist eines der wenigen Stücke, in denen Brecht Traum und inneres Leben, freilich in gleichnishafter Bedeutung, auf die Bühne bringt. Das zweite Drama, in welchem er seinem epischen Theater diese Dimension gewinnt, ist *Schweyk im zweiten Weltkrieg*, ebenfalls in Amerika geschrieben. Über die Situation des realen Widerstandes in der von Hitler besetzten Tschechoslowakei hinweg gleitet die Darstellung in eine eigenartige Ebene. Der träumende Schweyk in den Schneefeldern vor Stalingrad, der immer weiter geht, aber immer gleich weit von Stalingrad entfernt bleibt, wird zu einer parabolischen Figur, er verkörpert das Volk, das, wie Brechts Glücksgott, *nicht zu töten ist* und die kurzatmigen Tyranneien überlebt – widerspruchsvolle, lebendige Gestalt voll der hašekschen lakonischen Gelassenheit, ruhig wartend, daß seine Stunde komme:

> *Im Grunde der Moldau wandern die Steine.*
> *Es liegen drei Kaiser begraben in Prag.*
> *Das Große bleibt groß nicht und klein nicht das Kleine.*
> *Die Nacht hat zwölf Stunden, dann kommt schon der Tag.*

Schwejk und der Gendarm. Illustration von Josef Lada zu den
«Abenteuern des braven Soldaten Schwejk» von Jaroslav Hašek

Es wechseln die Zeiten. Die riesigen Pläne
Der Mächtigen kommen am Ende zum Halt.
Und gehn sie einher auch wie blutige Hähne
Es wechseln die Zeiten, da hilft kein Gewalt.

Eine ebensolche Widerstandsfigur der blutigen und finsteren Über-
gangszeit der Bürgerkriege, wohinter sich gleichnishaft unsere Zeit
verbirgt, ist auch der Richter Azdak des *Kaukasischen Kreidekreises*,
ebenfalls in Amerika konzipiert und geschrieben. Hinter Azdak,
einem Schelm, der sich äußerlich ganz opportunistisch an die jeweili-
gen Tendenzen der Zeitläufte anpaßt, aber insgeheim auf die *Neue
Zeit* hofft, in seinen scheinbar absurden Gerichtsszenen für diese *Neue
Zeit* arbeitet und, mit brechtscher List, die Wahrheit sagt, verbirgt
sich Brechts Anweisung für das Verhalten in der *Zeit blutiger Ver-
wirrung* des Bürgerkriegs, mit seinem Hin und Her der falschen Herr-
schaften. Azdak spielt nicht den Helden, sondern leistet seine Arbeit
im Kleinen. Bei aller drastischen Lebensfülle wird er, wie Schweyk,
zu einer geheimnisvollen Figur. Zum Schluß verschwindet er

. . . und ward nicht mehr gesehen.
Aber das Volk Grusiniens vergaß ihn nicht und gedachte noch
Lange seiner Richterzeit als einer kurzen
Goldenen Zeit beinah der Gerechtigkeit.

Die Tatsache, daß in der direkten dichterischen Gestaltung nicht
nur die soziale Revolution im Bereich des Traums auftaucht oder in
das Schattenreich verwiesen ist, sondern auch der Geist des Widerstands irreale Züge annimmt, ist viel zuwenig beachtet worden.
Die Aufforderung zum gewaltsamen Umsturz wandelt sich in die
Hoffnung auf das dialektische Umschlagen der Geschichte, auf den
Wechsel der Zeiten.

Das Problem der Maßnahme gegen die herrschende Macht, das
Widerstandsproblem, das Brecht gerade in den Jahren der amerikanischen Emigration so nachhaltig beschäftigt hat, tauchte schon in
einer Keuner-Geschichte aus dem Jahre 1930 auf. Es scheint, als sei
schon damals für ihn die offene Revolution in den verdeckten Widerstand übergeleitet worden:

MASSNAHMEN GEGEN DIE GEWALT

*Als Herr Keuner, der Denkende, sich in einem Saale vor vielen gegen
die Gewalt aussprach, merkte er, wie die Leute vor ihm zurück-
wichen und weggingen, blickte sich um und sah hinter sich stehen –
die Gewalt.*

«Was sagtest du?» fragte ihn die Gewalt.

«Ich sprach mich für die Gewalt aus», antwortete Herr Keuner.

Als Herr Keuner weggegangen war, fragten ihn seine Schüler nach seinem Rückgrat. Herr Keuner antwortete: «Ich habe kein Rückgrat zum Zerschlagen. Gerade ich muß länger leben als die Gewalt.»

Und Herr Keuner erzählte folgende Geschichte:

In die Wohnung des Herrn Egge, der gelernt hatte, nein zu sagen, kam eines Tages in der Zeit der Illegalität ein Agent, der zeigte einen Schein vor, welcher ausgestellt war im Namen derer, die die Stadt beherrschten, und auf dem stand, daß ihm gehören sollte jede Wohnung, in die er seinen Fuß setze; ebenso sollte ihm auch jedes Essen gehören, das er verlange; ebenso sollte ihm auch jeder Mann dienen, den er sähe.

Der Agent setzte sich in einen Stuhl, verlangte Essen, wusch sich, legte sich nieder und fragte mit dem Gesicht zur Wand vor dem Einschlafen: «Wirst du mir dienen?»

Karikatur von Andrzej Stopka

Herr Egge deckte ihn mit einer Decke zu, vertrieb die Fliegen, bewachte seinen Schlaf und wie an diesem Tage gehorchte er ihm sieben Jahre lang. Aber was immer er für ihn tat, eines zu tun hütete er sich wohl: das war ein Wort zu sagen. Als nun die sieben Jahre herum waren und der Agent dick geworden war vom vielen Essen, Schlafen und Befehlen, starb der Agent. Da wickelte ihn Herr Egge in die verdorbene Decke, schleifte ihn aus dem Haus, wusch das Lager, tünchte die Wände, atmete auf und antwortete: «Nein.»

Schon gegen Ende der zwanziger Jahre also beschäftigte Brecht das Problem des Überdauerns der Gewalt, das später sein Schweyk, *beschäftigt mit Überleben*, so meisterhaft auf der Bühne praktizierte.

Einmal sollte in der sieben Jahre währenden kalifornischen Emigration Brecht, dem leidenschaftlichen Theaterpraktiker, der, was oft übersehen worden ist, seine Theorie auf eben diese Praxis hin entwarf, eine große Inszenierung beschieden sein; und zwar ergab sie sich aus der Begegnung mit Charles Laughton. Zusammen schufen sie das Modell der *Galilei*-Aufführung. Über diese Arbeit, die beiden viel Vergnügen machte, hat Brecht selbst berichtet:

Wir trafen uns zur Arbeit für gewöhnlich in L.'s großem Haus über dem Pazifischen Ozean, da die Kataloge der Synonyme zu schwer zum Herumschleppen waren. Er gebrauchte diese Folianten viel und mit unermüdlicher Geduld und fischte dazu noch Texte der verschiedenen Literaturen heraus, um diesen oder jenen Gestus oder eine besondere Sprachform zu studieren, den Äsop, die Bibel, Molière oder Shakespeare. Er veranstaltete Vorlesungen Shakespearescher Werke in meinem Haus, für die er sich etwa zwei Wochen lang vorbereitete. So las er den Sturm und King Lear, nur für mich und ein bis zwei zufällig eingetroffene Gäste. Wir diskutierten danach nur das Einschlägige, etwa eine «Arie» oder einen glücklichen Szenenbeginn. Dies waren Übungen, und er verfolgte sie mitunter in mannigfaltige Richtungen, sie seinem übrigen Werk einverleibend. Hatte er am Radio zu lesen, ließ er sich von mir die ihm etwas fremden synkopischen Rhythmen Whitmanscher Gedichte mit Fäusten auf dem Tisch vortrommeln, und einmal mietete er ein Studio, und wir brachten ein halbes Dutzend Spielarten der Schöpfungsgeschichte auf Platten, indem er in der Ich-Form einen afrikanischen Pflanzer die Geschichte seiner Weltschöpfung den Negern erzählte, oder sie von einem englischen Butler seiner Lordschaft zuschreiben ließ. Wir benötigten solche ausgebreiteten Studien, da er kein Wort deutsch sprach und wir uns über den Gestus von Repliken in der Weise einigen mußten, daß ich alles in schlechtem Englisch oder sogar in Deutsch vorspielte, und er es sodann auf immer verschiedene Arten in richtigem Englisch nachspielte, bis ich sagen konnte: Das ist es.

Über diesen Schilderungen liegt noch etwas von dem glücklichen Einverständnis zwischen Laughton und Brecht, der Begeisterung an einer gemeinsamen Arbeit, aus der beide unendlichen Genuß und Gewinn zogen:

Wir pflegten in L.'s kleinem Bibliothekszimmer zu arbeiten, und am Vormittag. Aber L. kam mir oft schon im Garten entgegen, in Hemd und Hose barfuß über den feuchten Rasen laufend, und wies mir gewisse Neuerungen in der Bepflanzung, denn der Garten be-

schäftigte ihn ständig und barg viele Finessen und Probleme. Die Heiterkeit und die schönen Maße dieser Gartenwelt gingen auf eine angenehme Weise in unsere Arbeit ein. Für eine beträchtliche Zeitspanne sammelten wir alles in unsere Arbeit. Sprachen wir über Gartenbaukunst, so schweiften wir eigentlich nur ab von irgendeiner Szene des Galilei; suchten wir in einem New Yorker Museum technische Zeichnungen des Leonardo für die Projektionen der Hintergründe in der Galilei Aufführung, so schweiften wir ab zu der Grafik des Hokusai. L., konnte ich bemerken, erlaubte dem Stoff nur, ihn zu streifen.

Von der Figur Laughtons scheint Brechts Auffassung des Galilei entscheidend geprägt zu sein:

Bei mir ist es ein kräftiger Physiker mit Embonpoint, Sokratengesicht, ein lärmender, vollsaftiger Mann mit Humor, der neue Physikertyp, irdisch, ein großer Lehrer, Lieblingshaltung: Bauch vorgestreckt, beide Hände auf beiden Arschbacken, Kopf zurück, mit der einen fleischigen Hand dann gestikulierend, aber knapp.

Diese bedeutende *Galilei*-Aufführung, nach deren Modell auch die spätere des Berliner Ensembles gearbeitet wurde, fand in einem kleinen Theater bei Beverly Hills statt. Sie war zunächst in Amerika, wo man auf naturalistische Szenerie und stanislawskijsche Spielweise eingestellt war, kein bedeutender Erfolg. Das Ereignis war zu ungewöhnlich, um von einem so unvorbereiteten Publikum gleich aufgenommen zu werden. Die Aufführung wurde, mit größerem Erfolg, in New York wiederholt.

Das Galilei-Problem hatte gerade seine schaurige Aktualität erlebt:

Man muß wissen, unsere Aufführung fiel in die Zeit und das Land, wo eben die Atombombe hergestellt und militärisch verwertet worden war, und nun die Atomphysik in ein dichtes Geheimnis gehüllt wurde. Der Tag des Abwurfs wird jedem, der ihn in den Staaten erlebt hat, schwer vergeßlich sein. Der japanische Krieg war es, der die Staaten wirklich Opfer gekostet hatte. Die Transporte der Truppen gingen von der Westküste aus, und dorthin kehrten die Verwundeten und die Opfer der asiatischen Krankheiten zurück. Als die ersten βlättermeldungen Los Angeles erreichten, wußte man, daß dies das Ende des gefürchteten Krieges, die Rückkehr der Söhne und Brüder bedeutete. Aber die große Stadt erhob sich zu einer erstaunlichen Trauer. Der Stückschreiber hörte Autobusschaffner und Obstverkäuferinnen in den Obstmärkten nur Schrecken äußern. Es war der Sieg, aber es war die Schmach einer Niederlage. Dann kam die Geheimhaltung der gigantischen Energiequelle durch die Militärs und die Politiker, welche die Intellektuellen aufregte. Die Freiheit der

Charles Laughton als Galilei

Forschung, das Austauschen der Entdeckungen, die internationale Gemeinschaft der Forscher war stillgelegt von Behörden, denen stärkstens mißtraut wurde. Große Physiker verließen fluchtartig den Dienst ihrer kriegerischen Regierung; einer der namhaftesten nahm eine Lehrstelle an, die ihn zwang, seine Arbeitszeit auf das Lehren der elementarsten Anfangsgründe zu verschwenden, nur um nicht unter dieser Behörde arbeiten zu müssen. Es war schimpflich geworden, etwas zu entdecken.

Während der glücklichen Arbeit mit Laughton bereiteten sich für Brecht neue Schwierigkeiten vor. Der Ausschuß zur Untersuchung «unamerikanischer Betätigung» unter dem Vorsitz von Parnell Thomas zitierte Brecht zu einem Verhör nach Washington, das ihn in die Affäre der «Zehn aus Hollywood» verwickeln sollte. Es ging darum, festzustellen, ob kommunistische Zellen in der Filmbranche gebildet worden seien und ob Brecht zu einer solchen Zelle zu rechnen sei. Die Zeitungen sprachen von «Verschwörung».

Brecht hatte sich einem scharfen Verhör über seine Gesinnung zu unterziehen, dem er mit Humor und List standhielt. Die Verhandlung fand vor einem großen Publikum statt, und Brecht hatte die Lacher immer auf seiner Seite. Es gibt die verschiedensten Schilderungen dieses Verhörs. Es existiert die gehässige Bemerkung von George Grosz: «Nach dem Kriege ging er nach Deutschland zurück mit einem amerikanischen Literaturpreis in der Tasche und dem Dank eines amerikanischen Untersuchungsausschusses für die Bereitwilligkeit, mit der er schwor, er sei nie Kommunist gewesen»; und es gibt die empörten Berichte der Freunde Brechts. Es gibt aber vor allem noch die Bandaufnahmen des Verhörs. Es verlief einer Brechtschen

B. B. Karikatur
von Elizabeth Shaw

Theaterszene nicht unähnlich, und Brecht führte dabei Regie, selbst wenn er der Befragte war. Vorsichtig entzog er sich den immer wieder aufs neue gelegten Schlingen. Er erwies sich geschult auf dem Gebiet des Entwischens und gab lakonisch weise Antworten, die ein wenig an die Antworten seines Schweyk erinnern... Als man ihm zuspielte, er sei in den zwanziger Jahren als Dichter sehr revolutionärer Dramen und Gedichte bekannt gewesen, entgegnete er: *Revolutionär gegen die Nazis – gegen Hitler.* An heikle Artikel, die in der Sowjetzone erschienen sein sollten, erinnerte er sich nicht. Er konnte nachweisen, daß die Lieder und Chöre aus der *Mutter* und der *Maßnahme* nicht richtig übersetzt worden waren, und erklärte, er sei nie Mitglied der Kommunistischen Partei gewesen, was der Wahrheit entsprach. Er habe für alle Arbeiter geschrieben, sagte er, für sozialdemokratische, katholische... und auf die Frage, ob er nicht der Kommunistischen Partei beitreten wollte, sagte er: *It is not my business.* Das heißt, seine Sache war nicht, Parteiarbeit zu leisten, sondern zu schreiben. *I, of course, had to study Marx's ideas about history. I do not think intelligent plays today can be written without such study.* Brecht benutzte sein schlechtes Englisch deutlich dazu, Zeit zum Überlegen zu gewinnen. Die Antworten kamen zögernd, stokkend, aber sehr präzise und geschickt formuliert. Kurz, der Untersuchungsausschuß konnte nichts Rechtes mit Brecht anfangen. Man sollte ihm bei seiner Heimkehr noch einige Schwierigkeiten bereiten, aber zunächst ließ man ihn frei, und er benutzte die Gelegenheit, schnell in ein Flugzeug zu steigen und in die Schweiz zu fliegen, damals das einzige Land, das ihn aufnahm! Freunde schafften seine Manuskripte und Bücher heraus, sein gesamtes Oeuvre trug er mit sich auf Mikrofilmen in der Tasche. Brecht flog über den Ozean,

während in New York die *Galilei*-Premiere über die Bühne lief. Bei seiner Abreise aus New York hinterließ er ein bitteres Epitaph:

> *Den Tigern entrann ich*
> *Die Wanzen ernährte ich*
> *Aufgefressen wurde ich*
> *von den Mittelmäßigkeiten.*

In der Schweiz mietete Brecht ein kleines Haus am Züriberg, von dessen Terrasse man weit über den Zürcher See blicken konnte. Kaum zur Ruhe gekommen, sammelte Brecht Freunde und Besucher um sich – so kamen Max Frisch, Günther Weisenborn und Friedrich Dürrenmatt mit ihm zusammen – und stürzte sich wieder in die Arbeit, obwohl er seinen Aufenthalt in der Schweiz nur als Zwischenstation auf dem Wege nach Deutschland ansah. Mit Caspar Neher entwarf er die Antigone-Aufführung, die als Modellbuch später unter dem Titel *Antigone 1948* erschien. Er bearbeitete die Hölderlinsche Sophokles-Übersetzung und interpretierte sie auf das Problem des Widerstandes.

Die *Antigone* wurde in Chur aufgeführt mit schwachem öffentlichem Erfolg, aber sie erregte unter den Intellektuellen Aufsehen. Brecht nahm Kontakt mit dem Zürcher Schauspielhaus auf, das 1941 mit Therese Giehse in der Hauptrolle die *Mutter Courage* uraufgeführt hatte, und inszenierte die berühmte *Puntila*-Aufführung, die er später mit seinem Berliner Ensemble wiederholte.

Noch im skandinavischen Exil hatte Margarete Steffin für Brecht Nordahl Griegs Stück «Die Niederlage. Ein Schauspiel über die Pariser Kommune» übersetzt. Nun durchforschte Brecht die Schweizer Archive nach Dokumenten zum Sujet und schrieb noch im gleichen Jahr *Die Tage der Kommune;* ferner schloß er die Zusammenfassung seiner Theatertheorie ab, die er unter dem bescheidenen Titel *Kleines Organon für das Theater* veröffentlichte. Fußend auf Schillers Essay vom «Grund des Vergnügens an tragischen Gegenständen», stellt sie das *Theater des wissenschaftlichen Zeitalters* dar, die bedeutendste Theorie des modernen Dramas.

Einen Sommer lang wartete Brecht ungeduldig auf die Einreisegenehmigung nach Westdeutschland, die ihm die alliierten Behörden, wohl noch als Folge seines Washington-Verhörs, versagten – oder ob sie sie nur verzögerten? Jedenfalls dauerte es Brecht zu lange. Er verschaffte sich durch seinen Freund Egon Erwin Kisch, damals Stadtrat in Prag, einen tschechoslowakischen Paß und reiste über die Tschechoslowakei nach Ostberlin.

Die Nachricht von seiner Ankunft war weitergeleitet worden.

Auf dem Anhalter Bahnhof standen dicht gedrängt die Reporter. Brecht aber, der jeden öffentlichen Betrieb, so auch Reporter und deren Ausfragereien haßte, stieg schon in Berlin-Lichterfelde aus und wanderte allein durch die Straßen, die Ruinenfelder Berlins.

> *Die Vaterstadt, wie find ich sie doch?*
> *Folgend den Bomberschwärmen*
> *Komm ich nach Haus.*
> *Wo denn liegt sie? Wo die ungeheuren*
> *Gebirge von Rauch stehen.*
> *Das in den Feuern dort*
> *Ist sie.*

> *Die Vaterstadt, wie empfängt sie mich wohl?*
> *Vor mir kommen die Bomber. Tödliche Schwärme*
> *Melden Euch meine Rückkehr. Feuersbrünste*
> *Gehen dem Sohn voraus.*

DIE LETZTEN BERLINER JAHRE

Brechts letzte Jahre in Ostberlin haben der Öffentlichkeit manches Rätsel aufgegeben. Es wird noch einige Zeit darüber vergehen, bis man seine Position dort und seine Stellungnahme wirklich beurteilen kann. Das Material, das bisher zur Verfügung steht, ist gering. Noch sind große Teile seiner Lyrik, seiner Schriften und Dramenentwürfe, ferner Notizen, Tage- und Arbeitsbücher nicht veröffentlicht. So kann eine Deutung nur mit allen Vorbehalten unternommen werden.

Daß Brecht nach Ostberlin ging, war — sehen wir einmal von dem äußerlichen Motiv der Einreiseverweigerung nach Westdeutschland ab — eigentliche Konsequenz seines Denkens, das er darauf eingestellt hatte, die *neue Welt*, an deren Aufbau er mitarbeiten wollte, zu gestalten, und sei es unter den finstersten Verhältnissen und Anfängen; und anders als auf dem Boden des Marxismus war für ihn diese neue Welt nicht vorstellbar.

Es war schon davon die Rede, daß Brecht, der große Zweifler und Umänderer, doch seit dem Ende der zwanziger Jahre die Basis seines Weltbildes grundsätzlich nicht mehr geändert hat. Nach einer — übrigens nicht näher bezeugten — Äußerung soll er dem Westen keine Chance mehr gegeben haben. Er hielt ihn für *faul und ohne Idee*, für *abbruchreif*. Kein Zweifel aber, daß es mit den Verhältnissen, die er in der DDR vorfand, manch harten Konflikt gegeben hat, mehr als davon an die Öffentlichkeit gedrungen ist. Die Widerstandssituation, die Brecht in seinen späteren Dramen immer wieder formuliert hat, mußte er selbst durchleben, wo immer er sich niederließ. Die Welt, in der es möglich war, ein menschenwürdiges Dasein in seinem Sinne zu führen, mußte erst geschaffen werden.

Brecht wählte Ostberlin zum Ausgangspunkt, weil er hier zumindest die Basis bejahte. Hatte er das Gefühl, er werde hier gebraucht?

Herr K. zog die Stadt B. der Stadt A. vor. «In der Stadt A.», sagte er, «liebt man mich; aber in der Stadt B. war man zu mir freundlich. In der Stadt A. machte man sich mir nützlich; aber in der Stadt B. brauchte man mich. In der Stadt A. bat man mich an den Tisch; aber in der Stadt B. bat man mich in die Küche.»

Dazu wurde ihm ein großer Wunschtraum seines Lebens erfüllt. Er erhielt eine nahezu unbeschränkte subventionierte Bühne, mit der er ganz in seinem Sinne arbeiten und experimentieren konnte. Auch sein Galilei ging dorthin, wo er die größte Möglichkeit für seine Forschungen gegeben sah...

Zusammen mit seiner Frau Helene Weigel gründete Brecht das Berliner Ensemble, das zunächst als Gast im Deutschen Theater untergebracht wurde, bald darauf aber sein eigenes Haus bekam, jenes Theater am Schiffbauerdamm, in dem Brecht Ende der zwanziger Jahre seine großen Erfolge gefeiert hatte. Die vieldiskutierte Frage, ob seine letzte Zeit fruchtbar gewesen sei, erübrigt sich durch die Feststellung, daß er in den wenigen Jahren, die ihm noch vergönnt waren, die eigenartigste und beste Bühne Europas, vielleicht der Welt, schuf und ein geniales Theaterexperiment aufstellte, das in seiner Einmaligkeit kaum erkannt wurde, geschweige denn, daß seine Resultate wirklich überprüft worden wären. Mit der ihm eigentümlichen Hartnäckigkeit errichtete Brecht das Theater der *Neuen Zeit* und verwirklichte damit seine Ideen, sein denkerisches wie künstlerisches Weltgebäude, ganz gleich, wie um ihn die ostzonale Wirklichkeit aussah. Er war auf seine Art konsequent in der ruhigen und unbekümmerten Gewißheit, es werde schon seine Wirkung tun. Dabei ergab sich einerseits eine insulare Abgeschlossenheit, denn das Theater fand, bei aller gelegentlichen künstlerischen Anerkennung, nicht die entsprechende Resonanz. In Westdeutschland wurde es politisch verdächtigt, in Ostdeutschland von einer engstirnigen Kritik bekämpft. Andererseits verschaffte sich Brecht im Osten durch sein politisches, im Westen durch sein künstlerisches Prestige wenigstens Beachtung und Gehör. Inmitten der großen Weltauseinander-

Das Theater am Schiffbauerdamm

setzung bildete er mit seinem Theater einen fortwährenden Stein des Anstoßes, des Verwunderns, des Zweifels, aber jedenfalls des lebhaften öffentlichen Interesses. Einig war man sich eigentlich nur innerhalb des Theaters.

Hier sammelte Brecht seine Freunde um sich. Elisabeth Haupt-

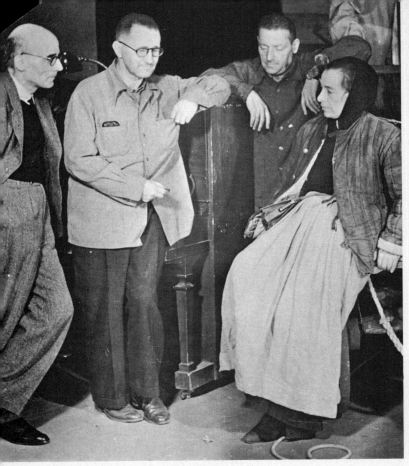

Bei der Arbeit an «Mutter Courage»:
Erich Engel, Brecht, Paul Dessau, Helene Weigel

mann, seine engste und wohl wichtigste Mitarbeiterin seit den zwanziger Jahren, Ruth Berlau, die Photographin des Berliner Ensembles, die älteren Brecht-Schauspieler Ernst Busch, Friedrich Gnass, Annemarie Hase, Gerhard Bienert, Erwin Geschonnek; als Gäste zog man Therese Giehse, Hans Gaukler, Leonhard Steckel heran; ferner kamen viele junge Kräfte und neu entdeckte Talente hinzu, und man setzte, in unzähligen Proben und unendlichem Experimentieren, eine große Inszenierung nach der andern ins Werk: *Mutter Courage,*

Puntila und sein Knecht Matti, Die Mutter, Der Hofmeister, Der kaukasische Kreidekreis, Pauken und Trompeten und schließlich den *Galilei,* um nur die wichtigsten zu nennen. Von dieser bedeutenden Arbeit nahm die Öffentlichkeit erst Notiz, als Brecht 1954 bei dem Theaterfestival in Paris den ersten Preis mit der Inszenierung der *Mutter Courage* und im folgenden Jahr, nach der Pekinger Oper, den zweiten Preis vor allen Theatern der Welt gewann. Dann kamen die großen Erfolge in London, Rom, Mailand, Skandinavien, schließlich Amerika, und der eigentliche Weltruhm begann.

Die Eigenart des Brechtschen Theaters machte aus, daß Weltsicht, Dichtung, Stil, dramatischer Stoff und Aufführung zu einer vollkommenen Einheit verschmolzen. Brecht war zugleich Politiker, Dramatiker, Dramaturg und Regisseur; er kümmerte sich um Bühnenbild und Musik, Maschinerie, um jedes Detail des Theaters, verstand es allerdings, ein Kollektiv ganz nach seinen Intentionen zu bilden, hinter dem er nicht nur namentlich verschwand.

Brechts großes Interesse, auch bei der Regie, galt der Darstellung ungelöster gesellschaftlicher Zustände, die er in scharfen, kontrastierenden Szenen ins Licht rückte, und deren Folgeerscheinung, dem widerspruchsvollen und zwiespältigen menschlichen Verhalten. Die untergründige Kunst der Menschenzeichnung in der sozialkritischen Beleuchtung der Figuren, schon in seinen ersten Stücken spürbar, wurde in den letzten Jahren der Theaterarbeit zu einem vielschichtigen System gesellschaftlicher und individueller Reaktionsweisen ausgebaut.

Um Beispiele zu nennen: eine Figur wie die Courage war vollsaftig und kräftig, sympathisch im Menschlichen, doch sie wurde gezeigt zugleich in ihrem Geiz, ihrem nackten Handelsinteresse, um jeden Pfennig feilschend, bauernschlau im Kleinen, begrenzt in ihrer Klugheit, wenn es über das tägliche Brot hinausging. Sie verkörperte in ihrer ganzen Individualität zugleich das Verhalten einer Gesellschaftsschicht. Oder der Hofmeister Läuffer, dem Brechts gesellschaftliches Mitleid galt, wurde in seiner brutalen sinnlichen Gier, seiner Unterwürfigkeit dargestellt, die ihn schließlich in die Selbstverstümmelung treibt. Brecht verzichtet auf eine Heroisierung der unteren Schichten. Im *Kaukasischen Kreidekreis* ließ er die Diener stehlen, als die Herrschaft geflohen war, ein Faktum, das ihm in der ostzonalen Kritik übel vermerkt wurde. Der realistischen Menschenzeichnung dieser Art standen bewußte Verzeichnungen der herrschenden Klasse merkwürdig gegenüber; aber wenn es darum ging, die *Oberen* zu zeigen, war Brecht Partei. Auch in seinen Klassikerinszenierungen unternahm er es, ihre jahrhundertelange Idealisierung in der gesamten Literatur in Frage zu stellen. Er provozierte die «andere» Perspektive, den haßdurchtränkten Blick der Unterdrückten, Gedemütigten und Ausgebeuteten, und er scheute sich nicht, etwa in der Aufführung des *Kaukasischen Kreidekreis* alle *Oberen* und deren Helfershelfer in Masken agieren zu lassen. Nur das Proletariat hatte ein natürliches Gesicht. Mit anderen Worten: er gestattete nur den *Unteren*, Mensch zu sein; ihre hemmungslose Raffgier wurde zwar vielfach karikiert, aber doch als berechtigter Lebenswille und Selbsterhaltungstrieb gebilligt. Der große Zweifler Brecht zweifelte nicht an der Faktizität des Klassenkampfes, der allerdings in der Formulierung «oben» und «unten» eine nicht zu übersehende Erweiterung und Aktualisierung erhielt, und er stellte ihn kraß und in gewissem Sinne abstrakt auf die Bühne. Die Abstraktion aber erlaubte gerade seine erweiterte Anwendung . . .

Diese jeder Idealisierung ausweichende Menschenzeichnung war künstlerisch von außerordentlicher Kraft. Jede Figur gewann Plastizität und Eigenart, die zuweilen übrigens mit unverhüllter Freude an makabren Details gesteigert wurde. Ich denke etwa im *Kaukasischen Kreidekreis* an die schaurige Erscheinung des «sterbenden» Ehemanns, der sich plötzlich, erstaunlich lebendig, aber als ein karikiertes bleiches Skelett von seinem Bett erhebt und die ganze geifernde Hochzeitsgesellschaft zum Hause hinausjagt. Oder an jene unheimliche Szene, in welcher der Hofmeister Läuffer sich kastriert:

Für diese Szene schufen wir völlige Stille – der Nachtsturm der vorausgegangenen diente nur dieser Möglichkeit, nunmehr eine fast hörbare Stille zu erzeugen. Umgestürzte Möbel, verstreute Kleidungsstücke wiesen auf die Wildheit des Vorangegangenen. Am Schluß der Szene wurde zum erstenmal am Rundhorizont der Schneefall sichtbar, der durch den ganzen fünften Akt ging.

Die große Lobeshymne des Schulmeisters Wenzeslaus *Da ist Er ja ein zweiter Origines!* stand zu der Realität des Geschehens in einem schauerlich-lächerlichen Kontrast. Den Schneefall vor dem Fenster setzte Brecht in der darauffolgenden fröhlichen Verlobung zwischen Gustchen und Fritz von Berg fort, um zu zeigen, auf welchem Hintergrund diese Feier stattfindet.

Für Brecht waren dies *poetische und artistische* Momente, wie er es in seinem Aufsatz erläuterte, und bedeutete nichts anderes als Realismus:

Die Wahrheit herauszugraben unter dem Schutt des Selbstverständlichen, das Einzelne auffällig zu verknüpfen mit dem Allgemeinen, im großen Prozeß das Besondere festzuhalten, das ist die Kunst der Realisten.

Auf Brechts Bühne wurde alles ins Sichtbare übertragen, und das Mimisch-Gestische nahm, gegenüber dem Wort, den größeren Raum

*Der Bühnenbildner
Caspar Neher*

*Bühnenbildentwurf von Caspar Neher zur «Heiligen Johanna»
(Deutsches Schauspielhaus, Hamburg)*

*«Der kaukasische Kreide-
kreis»: Ernst Busch als
Azdak*

ein. Wenige gesprochene Sätze wurden pantomimisch in kontra-
punktischer Weise ausgedeutet, nicht illustriert. Nehmen wir etwa
als Beispiel die Vorstellung des Hofmeisters Läuffer bei der Majorin, eine Szene, die nur wenige Worte Text umfaßt. Läuffer ist gierig, die elende Stellung zu bekommen. Die Majorin läßt ihn, zu seiner
äußersten Demütigung, ein Menuett vortanzen, damit er seine Be-
fähigung erweise:

*In sehr gerader Haltung, die Fäuste in die Hüften gestützt, voll-
führt er einige vollendete Schritte an der Rampe entlang, die Beine
sehr hoch hebend und den Raum, der ihm zur Verfügung steht, sorg-
lich einteilend. Sein Kopf scheint etwas verdreht, auf die Schulter ge-*

schraubt. Er geht wie zwischen Eiern, jedoch hat seine Schulterhal-
tung etwas Herausforderndes, er schreitet sozusagen wie ein gebän-
digter Tiger, mit einer wilden Grazie ... Der junge Herr, vor dessen
Augen das Examen veranstaltet wird, wendet sich gelangweilt
wieder dem Fliegenfang zu. Läuffer zieht sein Taschentuch und
trocknet sich die Stirn vom Angstschweiß ... Die Majorin jedoch,
angeregt, spielt ihm gnädig ein Menuett vor, das Spinett sozusagen
die Faust fühlen lassend. Läuffer, nach kurzer Selbstüberwindung,
geht mit weiten, federnden Schritten, sich unaufhörlich den Schweiß
vom Gesicht wischend, zum Spinett hinter, wo er einen tiefen, tieri-
schen Laut des Entzückens ausstößt und sich gierig über die flei-
schige Hand der Majorin beugt. Die Szene erhält ihre Bedeutung
durch Gauklers Kunst, die aufsässige, brutale Vitalität des niedrig-
geborenen Läuffers in den Schnürstiefel der feudalen Etikette ge-
schnürt aufzuzeigen. Der Keim der Tragikomödie ist angedeutet...

Solche Behandlung weniger gesprochener Sätze ist nicht nur von
glänzender szenischer Artistik; der Bühne wird, auf marxistischer
Basis, eine neue Dimension gewonnen. Zu der Perspektive auf
menschliche Verhaltensweisen wird die der sozialen entwickelt und
ein Verhältnis in seiner historischen Abhängigkeit dargestellt; zu
der Abzeichnung der Zustände liefert Brecht ihre Durchleuchtung
und Enthüllung. Mit diesem – immer politischen – Zweck verband
sich eine außerordentliche künstlerische Gestaltung. Brechts Bühne
war immer hell ausgeleuchtet, *damit man alles genau sehen konnte,*
aber zugleich hob diese Beleuchtung die Delikatesse der Farbgebung,
Plastik und Eigenart der Figuren, die in manchen Aufführungen an
Breughel-Bilder erinnerten. Breughel wurde in der Tat als Studien-
objekt benutzt.

Brecht brauchte nur wenige Kulissen und Requisiten, aber die
wurden mit erlesener Sorgfalt hergestellt und behandelt. Es waren
durchweg Gegenstände, denen dramaturgische Bedeutung zukam:

DIE REQUISITEN DER WEIGEL

Wie der Hirsepflanzer für sein Versuchsfeld
die schwersten Körner auswählt und fürs Gedicht
der Dichter die treffenden Wörter, so
sucht sie die Dinge aus, die ihre Gestalten
über die Bühne begleiten. Den Zinnlöffel
den die Courage ins Knopfloch
der mongolischen Jacke steckt, das Parteibuch
der freundlichen Wlassowa und das Fischnetz
der anderen, der spanischen Mutter oder das Erzbecken

der staubsammelnden Antigone. Unverwechselbar
die schon rissige Handtasche der Arbeiterin
für die Flugblätter des Sohns und die Geldtasche
der hitzigen Marketenderin! Jedwedes Stück
ihrer Waren ist ausgesucht. Schnalle und Riemen,
Zinnbüchse und Kugelsack, und ausgesucht ist
der Kapaun und der Stecken, den am Ende
die Greisin in den Zugstrick zwirlt.
Das Brett der Baskin, auf dem sie das Brot bäckt
und der Griechin Schandbrett, das auf dem Rücken getragene
mit den Löchern, in denen die Hände stecken, der Schmalztopf
der Russin, winzig in der Polizeihand, alles
ausgesucht nach Alter, Zweck und Schönheit
mit den Augen der Wissenden . . .

So war auf der Brechtschen Bühne alles von Poesie und Kostbarkeit, jede Gestalt, jedes Wort, jede Geste, voll überraschender Einfälle, wenn etwa hinter der singenden Grusche im *Kaukasischen Kreidekreis*, die auf einer Drehscheibe lief, nacheinander verschiedene auf Seide gemalte ostasiatische Landschaften abrollten, oder in *Pauken und Trompeten* die Hintergrundskulissen in Stahlstichtechnik aufgezeichnet waren, wovor sich, in zartester Farbgebung, die einzelnen Figuren bewegten.

Das Geschmackliche der Aufführung war Brecht in mehrerer Hinsicht wichtig. Er schrieb darüber in bezug auf die Hofmeister-Inszenierung:

Der krude Stoff des Lenzschen Werkes erfordert eine besonders elegante Behandlung. Dazu durfte die Darstellung der deutschen Misere den Zuschauer nicht deprimieren, sollte sie Impulse für ihre Überwindung verleihen. Es kam auf die Grazie der Bewegungen und die Musikalität der Sprache an. Farbe und Schnitt der Kostüme mußten erlesen sein, ebenso die Möbel und alles, was an Architektur gezeigt wurde. Das Ensemble zog alte, geschmackvolle Kupferstiche usw. zu Rate . . .

Schönheit, Grazie und Heiterkeit der Bühne waren zudem gedacht, den Zuschauern ein Bild dessen zu vermitteln, was Leben sein kann: *Die leichteste Weise der Existenz ist in der Kunst.* In der glücklichen Entfaltung des Spiels war hier Entwurf und Vorbild einer Lebensart gezeichnet, wie sie über Katastrophen, Weltbrände, Mißstände und Häßlichkeit der menschlichen Verhältnisse wieder zu lernen sei. Dies war Brechts Nutzanwendung seiner ästhetischen Intentionen.

Der Raum, in dem sich die Figuren bewegten, war aufs genaueste

Helene Weigel als Mutter Courage,
den Zinnlöffel im Knopfloch der mongolischen Jacke

Bertolt Brecht und Paul Dessau, 1955

bemessen und choreographisch durchinszeniert, so daß von jedem
Punkt des steilwandigen Zuschauerraums im Schiffbauerdammtheater sich eine andere, aber immer überraschende Harmonie und
Schönheit der Anordnung ergab. Ein Bühnenmeister des Ensembles
erzählt, Brecht habe genau gemerkt, wenn ein Requisit nur um Zen-
timeter verrückt worden sei.

Der schauspielerische Stil ging vom Volks- und Laientheater aus,
erreichte aber durch bestimmte Stilisierung, Eigenart und durch

die bis ins Artistische vorgetriebene Probentechnik große Virtuosität, ohne an Ursprünglichkeit einzubüßen. Es ist bekannt, daß Brecht lieber Anfänger nahm als durch den auch heute noch vielfach üblichen Bühnenstil des 19. Jahrhunderts verbildete Kräfte. Auch die Songs seiner Stücke ließ er immer von Leuten ausführen, die nicht als Sänger ausgebildet waren, also von den Schauspielern selbst. Paul Dessau, der Komponist der Musik zu *Lukullus* und der *Mutter Courage* erzählt als Anekdote aus der amerikanischen Emigrationszeit, daß Brecht ihn, als zu einem Dessau-Liederabend im letzten Augenblick die Sängerin abgesagt hatte, aufgefordert habe, selbst zu singen. Das geschah auch: «Brecht war sehr zufrieden mit mir...» Dieser «Laien-Stil» war selbstverständlich nur Ausgang der Vortragsweise, die im Grunde erhebliches Können erforderte. «Wenn man Brecht singt, muß man alles vergessen, was man singen kann, und muß doch besonders gut singen können», sagte mir einmal Lotte Lenya, eine der großen Beherrscherinnen dieses Stils.

Da jede Geste in allen möglichen Variationen unendlich oft durchprobiert wurde, erreichte die Aufführung tänzerische Leichtigkeit. Brecht war ein Bewunderer des Pantomimen Marcel Marceau und beabsichtigte, ihn als Lehrer für das Ensemble zu engagieren, ein Plan, der sich nicht mehr verwirklicht hat, der aber genau den Intentionen des brechtschen Stils entsprach. Die Grazie des Spiels wurde aufgefangen durch eine gewisse bäurische Gewichtigkeit der Volksfiguren, der ausgefeilten Artistik der Bewegungen korrespondierten realistische Details, denen Brecht ganz besondere Beachtung schenkte. Seine baalische Lust am Kreatürlichen machte sich in ausführlichen und sehr komischen Freß- und Raufszenen Luft, die meist dazu dienten, verlogenes Gerede aller Art zu *verfremden.* Es machte Brecht z. B. besonderes Vergnügen, das Gespräch zweier Streikbrecher über das Vaterland mit einer kleinen Balgerei um den gemeinsamen Freßnapf pantomimisch zu kontrapunktieren. Die Methodik des Kontrastierens bestand in der Regie meist darin, daß solche optischen und akustischen Vorgänge einander gegenübergestellt wurden. Zugleich war dies ein äußerlich wirkungsvolles künstlerisches Mittel. In der *Mutter Courage* gibt es eine kleine Szene, in der kein Wort gesprochen wird. Hier ziehen Mutter Courage und Kattrin einsam, elend und ausgehungert im Schneetreiben an einem Bauernhaus vorbei, aus dem das *Lied von der Bleibe* tönt. In dem Band *Theaterarbeit* wird diese Szene beschrieben:

Die beiden Frauen kommen, den Wagen ziehend. Sie hören die Stimme aus dem Bauernhaus, bleiben stehen, horchen, setzen sich mit ihrem Wagen wieder in Bewegung. – Was in ihnen vorgeht, soll nicht gezeigt werden; das Publikum kann es sich denken.

Das Aussparen der Worte wie der schauspielerischen Ausmalung dessen, was die Courage und Kattrin empfinden müssen, ist eindrucksvoll und, gegenüber den üblichen ausführlichen Gefühlsausbrüchen auf den Bühnen, wohltuend. Der ausgesparte Ausdruck solcher Szenen war unvergleichlich stärker, als es der ausgeführte je hätte sein können. Herbert Ihering bezeichnete jene Liebesszene zwischen der Magd Grusche und dem Soldaten im *Kaukasischen Kreidekreis* als die schönste der modernen Bühnenliteratur; hier stehen sich die Liebenden nur stumm gegenüber. Der Sänger aber kommentiert: *Hört, was sie dachte, nicht sagte* ...

Brechts große Kunst der Regie erwies sich sogar an einem solch notorisch schlechten Stück wie Bechers «Winterschlacht», das er wohl aus Gründen der Diplomatie in seinen Spielplan aufgenommen hatte. Nicht nur strich er das Stück gehörig zusammen und ließ das schmalzige Pathos mit Untertönen von verfremdender Ironie vortragen, er inszenierte, einfach über den Text hinweg, die große Tragödie der russischen Winterschlacht als den apokalyptischen Untergang des Dritten Reiches in Szenen von unvergleichlicher Wucht und Größe. Daneben klapperten, fremd und leer, die Becherschen Verse ...

Die problematische Beziehung des Theaters zu der umgebenden Außenwelt trat klar zutage an seinem Publikum. Neben einer geringen Schicht der Ostberliner Intelligenz, eigentlich nur aus einem engen Kreis bestehend, der sich um Brecht scharte, setzte sich das Publikum des Schiffbauerdammtheaters aus den einfachen Leuten zusammen, die zwar das Berliner Ensemble als etwas ganz Besonderes empfanden – «so wie bei Brecht ist es nirgends auf dem Theater», hörte ich sie oft sagen – und die sich auch bei einzelnen Szenen trefflich amüsierten. Das Brechttheater aber insgesamt, das wohl in seiner Struktur und Durchführung komplizierteste Theater, das man sich denken kann, stieß auf ein groteskes Unverständnis. Die Paradoxie, daß Brecht immer der Liebling der bürgerlichen Intelligenz gewesen ist, fand hier ihre tragische Fortsetzung, und es blieb dem Ensemble nichts anderes übrig, als mit einer grundsätzlichen, mühevollen Umerziehung und Erziehung dieses Publikums zu beginnen, und Leute, die nicht einmal die geringste Voraussetzung zum künstlerischen Erfassen dessen mitbrachten, was auf dieser Bühne vor sich ging, zugleich mit den Anfangsgründen in das schwierige und sublime Werk dieser Theaterarbeit und ihrer gesellschaftlichen Aspekte einzuführen. Dies zu leisten, war Aufgabe der Programmhefte. Brecht selbst arbeitete daran mit, gab Hinweise, Erklärungen, und es wurden die sorgfältigsten Programmhefte, die man sich vorstellen kann – kleine, aber bedeutsame Kunstwerke.

*«Pauken und Trompeten»: Wolf Kaiser als Capt. Brazen
(Berliner Ensemble, 1955)*

Zum erstenmal wurde im Berliner Ensemble der Versuch gemacht, die ganze Regie in Photo und Text festzuhalten und Modellbücher der einzelnen Aufführungen zu schaffen, wohl in dem Bewußtsein, daß hier Einmaliges und Beispielhaftes für das Theater gearbeitet wurde.

Brecht ging ganz in dieser außerordentlichen Leistung, der Theaterarbeit, auf. Geschrieben hat er, außer den Bearbeitungen für das Berliner Ensemble, nicht sehr viel, aber er trug eine Menge Pläne mit sich herum und gedachte noch kurz vor seinem Tode, sich zum Arbeiten zurückzuziehen. Er ließ sogar zu diesem Zweck ein Haus an der dänischen Küste kaufen. Zugleich soll er erwogen haben, zu Chaplin in die Schweiz zu ziehen.

Die politische Auseinandersetzung zwischen Ost und West, in die einzugreifen er sich verpflichtet fühlte, nahm einen Teil seiner Zeit in Anspruch. Während er zu den Aktionen des Westens öffentlich Stellung bezog, setzte er sich mit den Mißständen der eigenen Seite vor allem intern auseinander, wahrscheinlich um der Gegenseite keine Argumente zu liefern. Und das war es wohl, was ihn, vom Westen aus gesehen, in den letzten Jahren in ein so merkwürdiges Zwielicht hüllte.

Sätze aus den späteren Anmerkungen zum *Galilei* könnten viel-

133

*Generalintendant Harry Buckwitz, der Verleger Peter Suhrkamp und Brecht
bei einer Probe zum «Kaukasischen Kreidekreis» in Frankfurt*

leicht einiges an Brechts Position klären: *Das Stück zeigt den vorläufigen Sieg der Obrigkeit, nicht den der Geistlichkeit.* Auf Brechts
Situation interpretiert, erhebt sich die Frage: setzte er einen Unter-
schied zwischen dem Geist der Revolution und ihrer obrigkeitsmäßi-
gen Verwaltung? Weiter heißt es: *Es entspricht der historischen
Wahrheit, wenn der Galilei des Stückes sich niemals direkt gegen die
Kirche wendet. Es gibt keinen Satz Galileis in dieser Richtung. Hätte
es einen gegeben, so hätte eine so gründliche Untersuchungskommis-
sion wie die Inquisition ihn zweifellos zu Tage gefördert.* Ebenso
gibt es keinen Satz Brechts gegen seine dortige Obrigkeit, und es ist
wahrscheinlich, daß auch eine noch so gründliche Untersuchung,
wie sie jetzt noch gar nicht möglich ist, keinen finden wird. *Und es
entspricht ebenfalls der historischen Wahrheit,* heißt es weiter, *daß
der größte Astronom des päpstlichen römischen Kollegs, Christoph
Flavius, Galileis Entdeckungen bestätigte... Ebenso stimmt es, daß
unter seinen Schülern Geistliche waren...*
   Galileis Wahl zwischen der Inquisition, die seine Forschungen über-
wacht, und der Krämerrepublik Venedig, die seine Entdeckungen
zu nichts anderem zu verwenden weiß, als sie zur Ware zu machen
und Handel damit zu treiben, könnte ebenfalls eine Alternative
sein, die der Flüchtling Brecht 1938 sich abzeichnen sah. Das Thema
von der ohnmächtigen und «heimatlosen Intelligenz», der «Misere

der Intellektuellen», ist auch bei uns oft genug diskutiert worden. Unter diesen Aspekten ist es außerordentlich schwierig, festzustellen, welche äußerlichen Konzessionen Brecht der DDR-Regierung gegenüber gemacht hat, aus Schlauheit, um seine Arbeit nicht zu gefährden, und welche Äußerungen seine wirkliche Stellungnahme bezeichnen. Die Zweiteilung des Handelns, die Diskrepanz zwischen «politischem» und «wirklichem» Verhalten, bildet ein Problem in allen seinen Stücken.

Rigoros zur Wehr setzte Brecht sich auch öffentlich, als man den Druck seiner *Kriegsfibel* verbieten wollte. Er drohte damit, sich an den Weltfriedensrat zu wenden. Ebenso unnachgiebig war er, wenn man ihm in seine künstlerischen Intentionen hineinzureden wagte. Mit grimmigen und höhnischen Versen schlug er auf die Kunstfunktionäre los und ließ durch seine Dramaturgen und Mitarbeiter in den Literaturzeitschriften leidenschaftliche Diskussionen um das Brechttheater ausfechten.

Brecht war unbequem nicht nur in seiner Jugendperiode, er war auch unbequem nach seinem «Einverständnis», und die Unterordnung unter die Idee war für ihn nicht gleich mit der Unterordnung unter die offiziösen Dogmatiker, denen er im *Lob des Zweifels* einige Verse gewidmet zu haben scheint:

> *Da sind die Unbedenklichen, die niemals zweifeln.*
> *Ihre Verdauung ist glänzend, ihre Urteile unfehlbar.*
> *Sie glauben nicht den Fakten, sie glauben nur sich. Im Notfall*
> *Müssen die Fakten dran glauben. Ihre Geduld mit sich selber*
> *Ist unbegrenzt. Auf Argumente*
> *Hören sie mit dem Ohr eines Spitzels . . .*

Der Ausspruch eines seiner nächsten Freunde: «Brecht stand auf keiner offiziellen Linie, er stand auf seiner eigenen», dürfte richtig sein. Brecht nahm viele öffentliche Betätigungen auf sich, Reden, Sitzungen, Tagungen. Da ihm persönlich diese Art Arbeit nicht lag, müssen sie entweder Konzessionen oder Verpflichtungen gewesen sein. Vielleicht glaubte er auch, kraft seiner Autorität manches ändern oder verhindern zu können.

Es scheint, als habe er auch gewisse Staatsgedichte auf sich genommen: sie sind schlecht. Obgleich ein Gedicht wie die *Erziehung der Hirse* durchaus seinen Grundanschauungen entspricht, ist es doch in einer Weise unter seinem sonstigen Niveau, die zu denken gibt. Das Pathos ist merkwürdig langatmig und zuweilen von einer Komik, von der kaum anzunehmen ist, daß sie unfreiwillig sei:

Joseph Stalin sprach von Hirse
Zu Mitschurins Schülern, sprach von Dung und Dürrewind,
Und des Sowjetvolkes großer Ernteleiter
Nannt' die Hirse ein verwildert Kind . . .

. . . Zweimal düngten sie das Feld mit Schafmist
Wie bis dahin im Kolchos noch nie.
Und der Alte tat es selbst und mürrisch
Doch zu Ehren der Akademie . . .

Die Stückbearbeitungen für das Berliner Ensemble, die zuweilen
übrigens ganz neue Stücke waren, von Brecht mit einer Reihe Songs
gewürzt, die denen der zwanziger Jahre in nichts nachstehen, zeugen
dafür, daß von einem Nachlassen der dichterischen Potenz nicht die
Rede sein kann:
Nehmen wir als Beispiel zwei Songs aus *Pauken und Trompeten*:

Wenn ich von dir gehen werde
Für die Männer, für die Pferde
Liegt das große Schiff der Königin am Kai.
Nimm dir einen andern, Minnie
Denn dies Schiff geht nach Virginnie.
Und die Liebe ist vorbei.

Und wir stehen zwei-, dreitausend
Und mit Mann und Maus und Brausen
Sticht das große Schiff der Königin in See.
Aber eines, Jimmy, mußt du wissen
Immer werde ich dich missen
Wenn ich einst mit einem andern geh.

*

Los, mein Junge, kleid dich ein
In Virginia gibt es kein
Kindergeschrei und Weibergefleh
Dort über den Hügeln und über der See.

König George, gebeugt und alt,
Hat auf der Stirn eine Kummerfalt
Daß ihm sein Reich in die Binsen geh
Dort über den Hügeln und über der See.

Brecht nimmt in Moskau den Stalin-Friedenspreis entgegen (1955)

Diskussion in Westberlin: Brecht und Johannes R. Becher treffen ein

Mädchen, kehr ich nicht zurück
Ist es aus mit unserm Glück
Doch König George sitzt besser denn je
Dort über den Hügeln und über der See.

Sollte in den sogenannten Staatsgedichten – und es sind wenige: drei oder vier – dichterisches Versagen vorliegen, so ergäben sich die Fragen: Sind diese Gedichte Konzessionen? Sind sie absichtlich schlecht? Hat er sie hingeschludert ohne große Lust?

Seine Abneigung gegen Pathos aller Art stand ihm sicherlich im Wege, wenn es darum ging, neues Pathos zu schaffen. Brechts Stärke war und blieb die Gesellschaftskritik an der Bourgeoisie: seine großen Figuren sind nicht die positiven Helden des Proletariats, sondern die schwierigen der Auseinandersetzung, die Figuren des Bürgerkriegs. Die Frage, die Biha in den zwanziger Jahren dem Theater Meyerholds in einem Artikel der «Linkskurve» stellte, ließe sich auch auf Brecht anwenden: «Wo ist das Stück des Aufbaus in der neuen sozialistischen Welt?» Die Zeit der *neuen* Welt, der neuen Gesellschaft sah Brecht, aller offiziellen Beteuerung zum Trotz, noch nicht kommen ...

So wirkte selbst sein einziges Pathos, das revolutionäre der *Mutter*, in der letzten Inszenierung durch das Berliner Ensemble merkwürdig fremd und abgezogen auf der Bühne, unterminiert durch eine andersartige Wirklichkeit. Aber gerade aus dem Kontrast des revolutionären Gestus zur Situation außerhalb des Theaters konnte man seine eigenen Schlüsse ziehen. In ähnlicher Weise entwickelten auch die Thesen und kämpferischen Argumente, die von der Brechtschen Bühne kamen, eine Schlagkraft nach mehreren Seiten. Wenn von den *Oberen* gesprochen wurde, schienen zweierlei Machthaber gemeint zu sein ... Brechts direkte offizielle Auseinandersetzung aber, darüber kann kein Zweifel sein, galt den Aktionen des Westens. Er hielt 1955 eine Rede gegen die Pariser Verträge, schrieb 1956 einen Brief an den Bonner Bundestag gegen die Wiedereinführung der Wehrpflicht. 1951 aber veröffentlichte er ein erstaunliches Manifest an *alle* deutschen Künstler und Schriftsteller, in dem er uneingeschränkte Freiheit der Aussage forderte mit der einen Ausnahme:

Keine Freiheit für Schriften und Kunstwerke, welche den Krieg verherrlichen oder als unvermeidbar hinstellen, und für solche, welche den Völkerhaß fördern.

Er schloß mit der Warnung:

Das große Carthago führte drei Kriege. Es war noch mächtig nach dem ersten, noch bewohnbar nach dem zweiten. Es war nicht mehr auffindbar nach dem dritten.

Brecht nahm zweimal öffentliche Ehrungen entgegen, 1951 den Nationalpreis erster Klasse und 1955 den Stalin-Friedenspreis. Es ist möglich, daß er seinem Werk durch solche offizielle Legitimation größere Wirkungsmöglichkeit versprach. Offiziöser Dogmatik unterwarf er sich nicht. Wenn er seinen Galilei sagen läßt: *Keinesfalls darf der alte Glaube durch einen neuen Glauben ersetzt werden, den schrecklichen Wunsch nach Blindheit* und die *Neue Zeit* als etwas definiert, *in dem alle Phantasie Raum hat, das durch allzu enge Aussagen nur eingeschränkt werden kann,* so sagt das genug darüber, wie er sich zu der Funktionärsprogrammatik verhielt.

In welch zwiespältiger und widersprüchlicher Situation sich Brecht befand, zeigte sich deutlich anläßlich des Berliner Aufstands am 17. Juni 1953. Er ergriff die Gelegenheit, an Ulbricht einen längeren Brief zu richten, der eine Reihe kluger kritischer Äußerungen und Änderungsvorschläge enthielt. Ulbricht ließ nachweislich nur den letzten Satz dieses Briefes abdrucken, der Brechts grundsätzliches «Einverständnis» aussprach; damit waren seine eigentlichen Absichten unterbunden. Er richtete noch einmal ein Telegramm an Ulbricht, in dem er eine sorgfältige Unterscheidung zwischen Konterrevolution und berechtigtem Aufbegehren machte: *Ich habe am Morgen des 17. Juni, als es klar wurde, daß die Demonstrationen der Arbeiter zu kriegerischen Zwecken mißbraucht wurden, meine Verbundenheit mit der sozialistischen Einheitspartei Deutschlands ausgedrückt. Ich hoffe jetzt, daß die Provokateure isoliert und ihre Verbindungsnetze zerstört werden, die Arbeiter aber, die in berechtigter Unzufriedenheit demonstriert haben, nicht mit den Provokateuren auf eine Stufe gestellt werden, damit nicht die so nötige große Aussprache über die allseitig gemachten Fehler von vornherein gestört wird.* Dieses Telegramm wurde am 23. Juni 1953 im «Neuen Deutschland» veröffentlicht. Freunde behaupten, Brecht sei nach dem Fehlschlag seines Briefes an Ulbricht sehr deprimiert gewesen und habe allen Bekannten zu seiner Rechtfertigung Durchschläge dieses Briefes gezeigt. Aber kein Wort öffentlichen Protestes. Fürchtete er, in der verschärften Situation, daß man sein Theater schließen und jener Insel, jenem letzten Sprachrohr innerhalb einer erstarrten Revolution den Garaus machen würde? Stellte sich ihm die Frage, welche Veröffentlichung der Aussagen, die der Brief oder die seines gesamten Werkes, die wichtigere sei? In seinem Nachlaß jedenfalls fand sich ein Gedicht zu den Ereignissen des 17. Juni, das Brechts aufsässige Haltung ahnen läßt:

Ein Brief von Bertolt Brecht an den Komponisten Gottfried von Einem
mit Ergänzungstexten zum «Stundenlied»

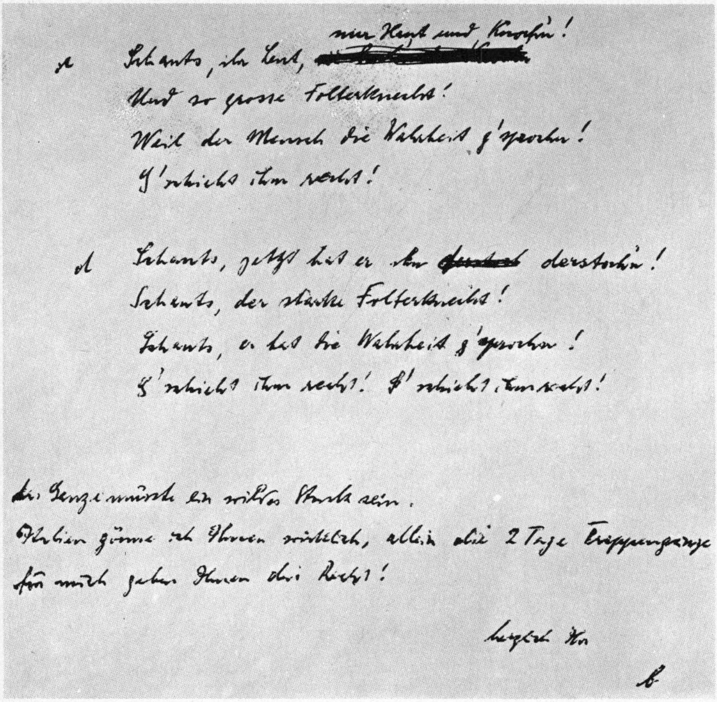

Schaut's, ihr Leut, nur Hengst und Rossln!
Und so grosse Folterknecht!
Weil der Mensch die Wahrheit g'sprochen!
G'schieht ihm recht!

Schaut's, jetzt hat er ... derstochn!
Schaut's, der starke Folterknecht!
Schaut's, er hat die Wahrheit g'sprochen!
G'schieht ihm recht! G'schieht ihm recht!

Der Henker müsste ein wilder Bursch sein.
Berlin gönne ich Ihnen wirklich, allein die 2 Tage Truppenganze
für mich geben Ihnen die Recht!

herzlich Ihr

b

DIE LÖSUNG

Nach dem Aufstand des 17. Juni
Ließ der Sekretär des Schriftstellerverbandes
In der Stalinallee Flugblätter verteilen
Auf denen zu lesen war, daß das Volk
Das Vertrauen der Regierung verscherzt habe
Und es nur durch verdoppelte Arbeit
Zurückerobern könne. Wäre es da
Nicht einfacher, die Regierung
Löste das Volk auf und
Wählte ein anderes?

Zur gleichen Zeit müssen auch unter dem Titel *Böser Morgen* jene Verse entstanden sein, die den widersprüchlichen Konflikt bezeichnen, in dem Brecht in seinen letzten Lebensjahren gestanden hat:

> *Die Silberpappel, eine ortsbekannte Schönheit*
> *Heut eine alte Vettel. Der See*
> *Eine Lache Abwaschwasser, nicht rühren!*
> *Die Fuchsien unter dem Löwenmaul billig und eitel.*
> *Warum?*
> *Heut nacht im Traum sah ich Finger, auf mich deutend*
> *Wie auf einen Aussätzigen. Sie waren zerarbeitet und*
> *Sie waren zerbrochen.*
>
> *Unwissende! schrie ich*
> *Schuldbewußt.*

Es scheint, als sei das Jahr 1953 überhaupt für Brecht das Jahr einer großen Depression gewesen. *Beim Lesen des Horaz* lautet ein damals entstandenes Gedicht, in welchem eigentlich nur noch die Hoffnung auf den Wechsel der Zeiten bleibt:

> *Selbst die Sintflut*
> *Dauerte nicht ewig.*
> *Einmal verrannen*
> *Die schwarzen Gewässer.*
> *Freilich, wie wenige*
> *Dauerten länger!*

Der resignierende Schlußsatz deutet darauf hin, daß Brecht nicht mehr glaubte, die Sintflut zu überleben, wie sein Schweyk es immerhin noch hoffen konnte. Das unaufhaltsame Weiterrinnen der Zeit, das den dialektischen Umschlag mit sich bringen mußte, erfüllte ihn mit trauriger Ungeduld:

> *Ich sitze am Straßenhang.*
> *Der Fahrer wechselt das Rad.*
> *Ich bin nicht gern, wo ich herkomme*
> *Ich bin nicht gern, wo ich hinfahre.*
> *Warum sehe ich den Radwechsel*
> *Mit Ungeduld?*

Ein naher Freund Brechts, ein alter Kampfgenosse, mit dem er viel politisch diskutiert hat, schreibt in einem Brief an Brecht über ein in jenem verhängnisvollen Jahre gemachtes Photo:

«Ich sah übrigens Dein Bild in einer Mailänder Zeitung. Ist es der Körper oder der Geist, daß Du so verbittert aussahst. Ich sah es in Palermo, wo ich feststellte, daß sich seit 2500 Jahren nichts geändert hat. Die Gendarme sind immer noch die dicksten Männer. – Ich habe Dir wohl schon vor dem Tausendjährigen Reich gesagt, daß ich mich an den uralten Spruch halte: ‹Wir sind durch die Diskussion groß geworden, und wir werden ohne sie sterben›, und da ich noch nicht sterben will, diskutiere ich nur noch mit mir selber.»

Gewisse Dinge wird auch Brecht nur noch mit sich selber diskutiert haben, aber er ließ nicht ab zu kämpfen, indirekt und offen. Seine grimmigste Waffe, seine Ironie, richtete er nach allen Seiten. Es gibt viele Anekdoten aus jener Zeit, die bezeugen, daß sich sein scharfer kritischer Instinkt nicht trüben ließ. So soll er nach der Einweihung der Stalinallee zu ihrem Erbauer Henselmann gesagt haben: *Gut, daß wir in einem sozialistischen Staat leben, da können wir sie in ein paar Jahren wieder in die Luft sprengen.* Und für ein Ehrenbuch 1956 zu Wilhelm Piecks Geburtstag, zu dem alle Schriftsteller der DDR seitenlange Lobeshymnen, mehr oder weniger peinlich, verfaßten, schrieb Brecht den kürzesten Satz, ein Meisterstück lakonischer Ironie: *Wenn Wilhelm Pieck nicht Präsident des fortgeschrittensten Teiles Deutschlands wäre, müßte er es sogleich werden.*

Dieser Satz geriet erst viele Jahre später an die Öffentlichkeit. Da 1956 der Persönlichkeitskult nachträglich auch in der Ostzone abgeschafft wurde, mußte das Buch eingestampft werden.

Brecht blieb in der Diskussion, in der lebendigen Information und Auseinandersetzung. Auf seinen Tischen lagen ganze Berge von Zeitungen und Nachrichten, die er genau studierte. Bis ihn ganz zum Schluß die Krankheit lähmte, war er von einer rastlosen Tätigkeit; er schlief nur wenig. Vielleicht hat er seinem zunehmend geschwächten Körper zuviel abgefordert. Eine Ursache seines frühen Todes wird sein, daß er über den pausenlosen geistigen Anforderungen seinen Körper vergaß. Freunde erzählen von seiner stupenden körperlichen Trägheit. Er bewegte sich nur ungern aus seinem Haus, ließ alle immer zu sich kommen, legte selbst Strecken von fünfzig Metern mit dem Auto zurück. Er fühlte sich wohl im geschlossenen Raum, wo er, im Gespräch, diskutierend, seine Welt errichtete, oder im Theater, wo er auf der Bühne seine Welt schuf. Es blieb nicht aus, daß diesem Entwurf, der immer ein ganz brechtischer war, ein Schimmer von Abstraktion und Konstruktion anhaftete. So sehr er in die Tiefe loten konnte, ist es doch, als sei ihm bei aller Orientierung (durch Zeitungen!) zuweilen eine bestimmte Realität entglitten.

Bezeichnend für seinen mangelnden Sinn für Außenwelt ist etwa sein Verhältnis zur Natur. Zu Günther Weisenborn äußerte er einmal, es gebe in seinem Werk keine Naturschilderung. Tatsache ist, daß die Natur nur als ein Bestandteil seiner Welt erscheint, symbolisch, als Zeichen und Ausdruck für etwas. In den frühen Gedichten zeichnet sich eine «außergesellschaftliche», eine anarchische Natur ab von unheimlicher Gewalt, wuchernd und gefräßig, schillernd und faulend, darüber der ungeheure bleiche Himmel, leer und ohne Bewegung, vielleicht einmal flüchtig von einer Wolke berührt, doch *als ich aufsah, schwand sie schon im Wind.* In den Gedichten der zwanziger Jahre verlöscht diese Natur plötzlich; dann erscheint sie in den *Svendborger Gedichten* vereinzelt, zaghaft, licht, klar und nüchtern, als das schüchterne Gleichnis einer vagen Hoffnung inmitten der großen Zerrüttung der Zeit. Die Pfähle, die im Hofe für die Schaukel der Kinder eingeschlagen sind, gehören dazu, der kleine frierende Baum, über den der Flüchtling einen Sack deckt, das Tal, das Laotse noch einmal anblickt und vergißt, Sund und Laubwerk, über welche die Schreie des Entsetzens dringen, und das Frührot im finnischen Ried – flüchtige Augenblicke, nicht zum Besingen und Überdauern gedacht. Es ist, als sei die Natur eingeschüchtert durch Menschenwerk:

> *Was sind das für Zeiten, wo*
> *Ein Gespräch über Bäume fast ein Verbrechen ist,*
> *Weil es ein Schweigen über so viele Untaten einschließt.*

Zweimal hat Brecht kleine Bäume besungen. Beide Male sind es verkümmerte Bäumchen, vermutlich zwischen elenden Mietskasernen wachsend:

> *Im Hofe steht ein Pflaumenbaum*
> *Der ist so klein, man glaubt es kaum.*
> *Er hat ein Gitter drum*
> *So tritt ihn keiner um.*

> *Der Kleine kann nicht größer wer'n*
> *Ja, größer wer'n, das möcht er gern.*
> *'s ist keine Red davon*
> *Er hat zu wenig Sonn.*

> *Den Pflaumenbaum glaubt man ihm kaum*
> *Weil er nie eine Pflaume hat.*
> *Doch es ist ein Pflaumenbaum*
> *Man kennt es an dem Blatt.*

Blick aus Brechts Arbeitszimmer auf den Dorotheen-Friedhof

In den späteren Jahren besang er die kleine *Pappel am Karlsplatz, mitten in der Trümmerstadt Berlin.* Seine Liebe galt diesem Geringen, Mittelmäßigen, Elenden, das nicht zum Blühen kommt, geschweige denn dazu, Frucht zu tragen. Und seine Sorge galt diesem Unscheinbaren, in dem er doch die größten Kräfte schlummern fühlte:

VOM SPRENGEN DES GARTENS

O Sprengen des Gartens, das Grün zu ermutigen!
Wässern der durstigen Bäume! Gib mehr als genug und
Vergiß nicht das Strauchwerk, auch
Das beerenlose nicht, das ermattete
Geizige. Und übersieh mir nicht
Zwischen den Blumen das Unkraut, das auch
Durst hat. Noch gieße nur
Den frischen Rasen oder den versengten nur:
Auch den nackten Boden erfrische du.

Der nackte Boden mag, als Träger des Zukünftigen, für ihn die größte Hoffnung geborgen haben. Schaurig ist der Wechsel in der Natur nach dem *Bösen Traum* des Jahres 1953.

In seltsamem Kontrast zu der Schärfe der politischen Auseinandersetzung, die er unerbittlich weiterführte, erschien Brecht in diesen letzten Jahren oft als der Lehrer und Weise, der bis in jede Einzelheit seinen Anschauungen lebt, im Persönlichen außerordentlich gastlich, gesellig, heiter, freundlich. Ein kleines Gedicht aus seinem Nachlaß reiht einfach die alltäglichen Dinge aneinander, die Brecht liebte, und die ihm, wie er oft zu sagen pflegte, so viel mehr bedeuteten als die politische Auseinandersetzung, in die ihn die Not der Zeit drängte:

> *Der erste Blick aus dem Fenster am Morgen*
> *Das wiedergefundene alte Buch*
> *Begeisterte Gesichter*
> *Schnee, der Wechsel der Jahreszeiten*
> *Die Zeitung*
> *Der Hund*
> *Die Dialektik*
> *Duschen, schwimmen*
> *Alte Musik*
> *Bequeme Schuhe*
> *Begreifen*
> *Neue Musik*
> *Schreiben, pflanzen*
> *Reisen, singen*
> *Freundlich sein.*

Diese Freundlichkeit, von der so oft in seinem Werk die Rede ist, wandte sich vor allem den Fragenden und Lernenden zu, seinen vielen Freunden, Schülern und Mitarbeitern, die ihn immer umgaben und die jederzeit Zugang zu ihm hatten. Schon morgens, wenn er in seinem ewig grauen Arbeitsanzug in der Probebühne erschien, umringte ihn ein ganzer Trupp, und die gemeinsame Arbeit begann, in wechselseitiger Diskussion. Brecht behandelte alle mit der gleichen achtungsvollen Höflichkeit, die eine ganz bestimmte Distanz einschloß. Selbst mit seiner Frau, der Schauspielerin Helene Weigel, sah man ihn so sprechen. Sie, die große Brecht-Darstellerin, für die er die Figuren der «Mutter», der Mutter Courage, der Frau Carrar und andere schuf, war im Augenblick der gemeinsamen Arbeit «Mitarbeiterin» wie alle andern.

Die Art, wie Brecht anordnete und sprach, verriet zugleich Sicherheit und eine unnachahmliche Bescheidenheit. Die Meinungen anderer, selbst scharfe Kritik, hörte er sich stumm und aufmerksam an. Vorschläge wurden grundsätzlich ausprobiert. Es ging Brecht immer um die Sache, nie um seine Person.

Man hat sich immer gewundert über seine anspruchslose Lebensweise. Er hatte Geld genug, sich jeden Luxus zu leisten. Als er mit der Truppe zum Theaterfestival nach Paris reiste, stieg er, zum Erstaunen der Pariser, in einem ganz kleinen Hotel ab. Bezeichnend für seine Bescheidenheit ist, daß er sich auch bei auswärtigen Premieren nie auf der Bühne sehen ließ. Wenn die Arbeit getan, das Verbessern vorbei war, zeigte er sich desinteressiert und reiste ab.

Wie sein Freund Caspar Neher erzählt, waren die letzten Jahre von Todesahnungen durchzogen. Am 15. Mai 1955 schrieb Brecht einen Brief an die Deutsche Akademie der Künste.

An die Akademie der Künste zu Händen R. Engels.
Im Falle meines Todes möchte ich nirgends aufgebahrt und öffentlich aufgestellt werden. Am Grab soll nicht gesprochen werden. Beerdigt werden möchte ich auf dem Friedhof neben dem Haus, in dem ich wohne, in der Chausseestraße.

Der Sinn dieses Briefes war wohl, das offiziöse Gepränge an seinem Grab zu vermeiden. Sein Grab, dicht neben dem Hegels, hatte er sich rechtzeitig ausgesucht. Die unübersehbare Menge von Menschen, die noch tagelang daran vorüberzog, sprach eine echtere Sprache, als jeder Staatsakt es vermocht hätte.

Brecht arbeitete bis zuletzt. Noch vier Tage vor seinem Tode ließ er sich, schon in bedenklichem Krankheitszustand, zu den *Galilei*-Proben bringen. Die Ankündigung der Neuen Zeit, bereits 1939 zum *Galilei* als Anmerkung geschrieben, liest sich heute wie ein Vermächtnis:

Die neue Zeit, das war etwas und ist etwas, was alles betrifft, nichts unverändert läßt, aber doch eben ihren Charakter erst entfalten wird, etwas, in dem alle Phantasie Raum hat, was durch allzu beschränkte Aussagen nur eingeschränkt werden kann. Geliebt wird das Anfangsgefühl, die Pioniersituation, geliebt wird das Glücksgefühl derer, die eine neue Maschine ölen, bevor sie ihre Kraft zeigen soll, die in einer Landkarte einen weißen Fleck ausfüllen, derer, die den Grund eines neuen Hauses ausheben, ihres Hauses. Dieses Gefühl kennt der Forscher, der eine Entdeckung macht, die alles verändert, der Redner, der eine Rede vorbereitet, die eine neue Situation schaffen wird.

Die folgenden Sätze, die Brecht seinem *Galilei* als Kommentar mitgab, lassen sich unter verschiedenen Gesichtspunkten lesen. Es scheint, als hätten sich Brechts Gedanken, über das Galilei-Problem und die Hitler-Zeit hinaus, mit der erstarrten Revolution beschäftigt und mit deren Folgeerscheinungen, der alles überschwemmenden Welle der Restauration:

Brechts Grab auf dem Dorotheen-Friedhof

Furchtbar die Enttäuschung, wenn die Menschen erkennen oder zu erkennen glauben, daß sie einer Illusion zum Opfer gefallen sind, daß das Alte stärker war als das Neue, daß die «Tatsachen» gegen sie und nicht für sie sind, daß ihre Zeit, die neue, noch nicht gekommen ist. Es ist dann nicht nur so schlecht wie vorher, sondern viel schlechter; denn sie haben allerhand geopfert für ihre Pläne, was ihnen jetzt fehlt, sie haben sich vorgewagt und werden jetzt überfallen, das Alte rächt sich an ihnen. Der Forscher oder Entdecker, ein unbekannter, aber auch unverfolgter Mann, bevor er seine Entdeckung veröffentlicht hat, ist nun, wo sie widerlegt oder diffamiert ist, ein Schwindler und Scharlatan, ach, allzusehr bekannt, der Unterdrückte und Ausgebeutete nun, nachdem sein Aufstand niedergeschlagen wurde, ein Aufrührer, der besonderer Unterdrückung und Bestrafung unterzogen wird. Der Anstrengung folgt die Erschöpfung, der vielleicht übertriebenen Hoffnung die vielleicht übertriebene Hoffnungslosigkeit. Die nicht in den Sumpf zurückfallen, fallen in schlimmeres; die die Aktivität für ihre Ideale nicht eingebüßt haben, verwenden sie nun gegen dieselben! Kein Reaktionär ist unerbittlicher als der gescheiterte Neuerer, kein Elefant ein grausamerer Feind der wilden Elefanten als der gezähmte Elefant.*

Und doch mögen die Enttäuschten immer noch in einer neuen Zeit, Zeit des großen Umsturzes, leben. Sie wissen nur nichts von neuen Zeiten.

Eine andere Bemerkung lautet: *Das Stück zeigt den Anbruch einer neuen Zeit und versucht, einige Vorurteile über den Anbruch einer neuen Zeit zu revidieren.* Die Vorurteile dürften die *allzu großen Hoffnungen* sein. Weitere Sätze legen den Gedanken nahe, als sei es besonders der ungeheure Elan des Neuen, den Brecht aus der tiefen Depression, die gewiß seine eigene war, habe retten wollen:

Es ist bekannt, wie vorteilhaft die Überzeugung, an der Schwelle einer neuen Zeit stehen, die Menschen beeinflussen kann. Ihre Umgebung erscheint ihnen da als noch ganz unfertig, erfreulichster Verbesserungen fähig, voll von ungeahnten und geahnten Möglichkeiten, als fügsamer Rohstoff in ihrer Hand. Sie selbst kommen sich vor wie am Morgen, ausgeruht, kräftig, erfindungsreich. Bisheriger Glaube wird als Aberglaube behandelt, was gestern noch als selbstverständlich erschien, wird neuem Studium unterworfen. Wir sind beherrscht worden, sagen die Menschen, aber nun werden wir herrschen . . .

Kurt Kläber berichtet, er habe Brechts These *Die Wahrheit ist konkret* immer die seine entgegengehalten: «Die einzige Wahrheit ist in der Phantasie.» *Du könntest recht haben,* schrieb Brecht noch an Kläber aus dem Krankenhaus in seinem letzten Lebensjahr.

Die Vieldeutigkeit dieser letzten Aussagen ist eigenartig und verblüffend. Wie sein Empedokles, der, bevor er sich in den Ätna stürzte, seinen Schülern seinen Schuh hinterließ, an den sich eine Vielzahl von Deutungen seines Todes knüpfte, hat Brecht sein Werk in rätselhaften Verklausulierungen hinterlassen. Und sicher war es seine Absicht, die Deutung zu verwischen und zu verwirren, seinen *Oberen*, welcher Art sie immer waren, noch nach seinem Tode zu entrinnen und selber zu der immer wirksamen, aber im Grunde geheimnisvollen Widerstandsfigur zu werden wie sein Schweyk, wie sein Azdak.

Über seinen Tod hinaus blieb Brecht ein Skandalon, eines jener fruchtbaren Ärgernisse, an denen sich die Diskussion immer wieder entzünden muß. Sein Werk, das bleiben wird, sitzt wie ein Stachel im Fleisch unserer Zeit. Figur des Widerstands in einem widerspruchsvollen Jahrhundert, machte sich Brecht zum Brennpunkt des großen Konflikts, der unsere Zeit durchzieht. Das war seine Größe. Seine Tragik war, daß dieser Konflikt, in seiner Person allein, nicht gelöst werden konnte.

AN DIE NACHGEBORENEN

1

Wirklich, ich lebe in finsteren Zeiten!
Das arglose Wort ist töricht. Eine glatte Stirn
Deutet auf Unempfindlichkeit hin. Der Lachende
Hat die furchtbare Nachricht
Nur noch nicht empfangen.

Was sind das für Zeiten, wo
Ein Gespräch über Bäume fast ein Verbrechen ist.
Weil es ein Schweigen über so viele Untaten einschließt!
Der dort ruhig über die Straße geht
Ist wohl nicht mehr erreichbar für seine Freunde
Die in Not sind?

Es ist wahr: ich verdiene noch meinen Unterhalt.
Aber glaubt mir: das ist nur ein Zufall. Nichts
Von dem, was ich tue, berechtigt mich dazu, mich sattzuessen.
Zufällig bin ich verschont. (Wenn mein Glück aussetzt
Bin ich verloren.)
Man sagt mir: Iß und trink du! Sei froh, daß du hast!

Aber wie kann ich essen und trinken, wenn
Ich dem Hungernden entreiße, was ich esse, und
Mein Glas Wasser einem Verdurstenden fehlt?
Und doch esse und trinke ich.

Die Totenmaske

Ich wäre gern auch weise.
In den alten Büchern steht, was weise ist:
Sich aus dem Streit der Welt halten und die kurze Zeit
Ohne Furcht verbringen.
Auch ohne Gewalt auskommen
Böses mit Gutem vergelten
Seine Wünsche nicht erfüllen, sondern vergessen
Gilt für weise.
Alles das kann ich nicht:
Wirklich, ich lebe in finsteren Zeiten!

2

In die Städte kam ich zur Zeit der Unordnung
Als da Hunger herrschte.
Unter die Menschen kam ich zur Zeit des Aufruhrs
Und ich empörte mich mit ihnen.
So verging meine Zeit
Die auf Erden mir gegeben war.

Mein Essen aß ich zwischen den Schlachten.
Schlafen legte ich mich unter die Mörder.
Der Liebe pflegte ich achtlos
Und die Natur sah ich ohne Geduld.
So verging meine Zeit
Die auf Erden mir gegeben war.

Die Straßen führten in den Sumpf zu meiner Zeit.
Die Sprache verriet mich dem Schlächter.
Ich vermochte nur wenig. Aber die Herrschenden
Saßen ohne mich sicherer, das hoffte ich.
So verging meine Zeit
Die auf Erden mir gegeben war.

Die Kräfte waren gering. Das Ziel
Lag in großer Ferne.
Es war deutlich sichtbar, wenn auch für mich
Kaum zu erreichen.
So verging meine Zeit
Die auf Erden mir gegeben war.

3

Ihr, die ihr auftauchen werdet aus der Flut
In der wir untergegangen sind
Gedenkt
Wenn ihr von unseren Schwächen sprecht
Auch der finsteren Zeit
Der ihr entronnen seid.

Gingen wir doch öfter als die Schuhe die Länder wechselnd
Durch die Kriege der Klassen, verzweifelt
Wenn da nur Unrecht war und keine Empörung.

Dabei wissen wir doch:
Auch der Haß gegen die Niedrigkeit
Verzerrt die Züge.
Auch der Zorn über das Unrecht
Macht die Stimme heiser. Ach, wir
Die wir den Boden bereiten wollten für Freundlichkeit
Konnten selber nicht freundlich sein.
Ihr aber, wenn es soweit sein wird
Daß der Mensch dem Menschen ein Helfer ist
Gedenkt unser
Mit Nachsicht.

NACHBEMERKUNG

Es scheint nicht überflüssig, zu erwähnen, daß die vorliegende Monographie, eine der ersten umfassenden Darstellungen von Brechts Leben und Werk, kurz nach seinem Tode in den Jahren 1958/59 entstanden ist, einer Situation, die es eigentlich nicht erlaubte, von «umfassend» überhaupt zu sprechen. Es ist erst ein Drittel von Brechts Werk veröffentlicht, das Brecht-Archiv teilweise noch nicht systematisiert, teilweise unzugänglich, das Material, das sich noch bei Freunden Brechts befand, noch nicht gesammelt und gesichtet. Nicht einmal die Entstehungsdaten der Brechtschen Werke lagen exakt fest. Selbst die Angaben des Brecht-Archivs divergierten.

Inzwischen hat die Brecht-Forschung eine Fülle neuen Materials zu Brechts Leben und Werk ans Licht gebracht, das fortlaufend bei jeder Neuauflage des Buches berücksichtigt wurde, soweit es sich um die Richtigstellung von Daten und Fakten aus Brechts Leben handelte und sich in eine bereits abgeschlossene Darstellung noch einfügen ließ. Auch die Bibliographie wurde bei jeder Neuauflage um die wichtigsten Neuerscheinungen ergänzt.

Köln 1974, M. K.

ZEITTAFEL

1898   10. Februar: Geburt Bertolt Brechts (Bethold Eugen Friedrich Brecht) in Augsburg, Vater Berthold Brecht, Direktor der Haindl'schen Papierfabrik. Mutter Sophie, geb. Brezing.

1904   Volksschule.

1908   Städtisches Realgymnasium Augsburg.

1914   Die ersten Gedichte und Kurzgeschichten erscheinen in den «Augsburger Neuesten Nachrichten» unter dem Pseudonym Berthold Eugen.

1916   Pazifistischer Schulaufsatz und Androhung der Schulentlassung. Freundschaft mit Caspar Neher.

1917   Notabitur. Schreibstubendienst als Kriegsdiensthelfer. Ab Oktober Immatrikulation an der Universität München; sein ständiger Wohnzitz jedoch Bleichstr. 2., Augsburg.

1918   März: Persönliche Totenfeier für Frank Wedekind in einer Lechkneipe in Augsburg. Würdigung Wedekinds in den «Augsburger Neuesten Nachrichten». Bei der Ludendorff-Offensive Kriegsdienst in einem Augsburger Seuchenlazarett. *Legende vom toten Soldaten.* Fortsetzung des Medizinstudiums in München. Freundschaft mit Lion Feuchtwanger und Johannes R. Becher. *Baal.*

1919   Theaterkritik am Augsburger «Volkswillen» (bis Dezember 1920). Mitglied einer literarischen Gruppe im Café Stephanie in München. Mitwirken in Trude Hesterbergs «Wilder Bühne» und Karl Valentins Theater.
        Trommeln in der Nacht. Einakter unter dem Einfluß von Karl Valentin: *Der Bettler. Er treibt einen Teufel aus, Lux in tenebris* und *Die Hochzeit.*

1920   1. Mai: Brechts Mutter stirbt. Freundschaft mit Karl Valentin, Blandine Ebinger, Erich Engel, Carola Neher.

1921   Kurzgeschichten für den «Neuen Merkur», München, u. a. *Bargan läßt es sein,* eine Flibustiergeschichte.
        Reise nach Berlin, Bekanntschaft mit Arnolt Bronnen.

1922   29. September: Uraufführung *Trommeln in der Nacht* an den Münchener Kammerspielen. Verleihung des Kleist-Preises durch Herbert Ihering für *Trommeln in der Nacht.* Oktober/November: Arbeit an *Hannibal* (unveröffentlichtes Fragment). 3. November: Heirat mit Marianne Zoff. 20. Dezember: Aufführung *Trommeln in der Nacht* in Berlin mit Alexander Granach, Heinrich George und Blandine Ebinger unter der Regie von Jürgen Fehling.

1923   12. März: Geburt der Tochter Hanne Marianne. 9. Mai: *Im Dickicht der Städte* am Münchener Residenztheater unter der Regie von Erich Engel uraufgeführt. Brecht wird Dramaturg an den Münchener Kammerspielen. Beim Münchener Hitlerputsch ist Brecht zusammen mit Lion Feuchtwanger auf der Liste der zu Verhaftenden.
        In Zusammenarbeit mit Feuchtwanger *Leben Eduards des Zweiten* nach Christopher Marlowe.

1924   18. März: Uraufführung *Leben Eduards des Zweiten* an den Münch-

ner Kammerspielen unter Brechts Regie. Brecht übersiedelt nach Berlin, Spichernstraße 19. Zusammen mit Carl Zuckmayer als Dramaturg an Reinhardts Deutschem Theater (bis 1926). Hier erste Begegnung mit Helene Weigel. Gründliches Studium des Marxismus. 29. Oktober: Berliner Aufführung *Im Dickicht der Städte* mit Fritz Kortner als Shlink unter der Regie von Erich Engel am Deutschen Theater. 3. November: Geburt des Sohnes Stefan.
Mann ist Mann (1924/26).

1925   Freundschaft mit dem Boxer Paul Samson-Körner und George Grosz. Beiträge und Kurzgeschichten für den «Berliner Börsen-Courier» (bis 1931), die «Vossische Zeitung» (bis 1928), «Das Tagebuch» (bis 1929), «Die Weltbühne», u. a. die Kurzgeschichten *Eine Pleite-Idee, Bericht eines Schiffbrüchigen, Brief über eine Dogge, Der Kinnhaken, Die gute Nacht* und der Bericht *Das Urbild Baals* (in «Die Szene»).

1926   14. Februar: *Baal* am Deutschen Theater Berlin unter Brechts Regie mit Oskar Homolka in der Hauptrolle. 26. September: Uraufführung *Mann ist Mann* in Darmstadt. Skandal auslösende «Morgenfeier» mit Arnolt Bronnen und Alfred Döblin in Dresden.
1. Dezember: *Die Hochzeit* wird im Frankfurter Schauspielhaus uraufgeführt.

1927   Drucklegung der *Hauspostille*. Brecht als Lyrikpreisrichter der «Literarischen Welt». Gasbarra und Leo Lania bearbeiten mit Brecht Jaroslav Hašeks «Schwejk» für die Piscator-Bühne. 17. Juli: Uraufführung des *Kleinen Mahagonny* in Baden-Baden. 22. November: Scheidung der Ehe mit Marianne Zoff. Bekanntschaft mit Fritz Sternberg.

1928   5. Januar: *Mann ist Mann* an der Berliner Volksbühne mit Heinrich George als Galy Gay unter der Regie von Erich Engel. *Dreigroschenoper* geschrieben und unter der Mitregie von Erich Engel am 31. August uraufgeführt am Schiffbauerdammtheater Berlin mit Harald Paulsen, Rosa Valetti, Erich Ponto und Lotte Lenya in den Hauptrollen. Das Schiffbauerdammtheater stand ab jetzt für Brechts Experimente zur Verfügung mit den Schauspielern Oskar Homolka, Peter Lorre, Ernst Busch, Helene Weigel, Lotte Lenya, Carola Neher, Alexander Granach. Plagiatsvorwurf Alfred Kerrs wegen Verwendung der Ammerschen Villon-Übersetzung in der *Dreigroschenoper*.
Aufstieg und Fall der Stadt Mahagonny (1928/29).

1929   *Der Flug Lindberghs* und *Das Badener Lehrstück vom Einverständnis*, komponiert von Paul Hindemith, für die Musikfestspiele in Baden-Baden geschrieben und dort mit Skandal uraufgeführt. 31. August: Uraufführung *Happy End* am Schiffbauerdammtheater Berlin. Uraufführung *Der Jasager* in Berlin. – Bekanntschaft mit Walter Benjamin. Heirat mit Helene Weigel. *Der Jasager und der Neinsager* 1929/30), *Die heilige Johanna der Schlachthöfe* (1929/30). Fragmente: *Johannes Fatzer, Aus Nichts wird Nichts, Der Brotladen*. Zusammen mit Weill: *Berliner Requiem*.

1930   9. März: Uraufführung *Aufstieg und Fall der Stadt Mahagonny* mit Skandal in Leipzig. Anschließend Plagiatsprozeß mit Walter Gilbricht.

April: Brecht sieht Meyerhold-Gastspiel in Berlin. Mai: Brecht zur Erholung in Le Lavandou in der Provence, anschließend in einem Münchener Sanatorium. 18. Oktober: Tochter Maria Barbara geboren. 10. Dezember: Uraufführung *Die Maßnahme* im Deutschen Schauspielhaus Berlin unter der Regie von Slatan Dudow mit Ernst Busch, Helene Weigel und Alexander Granach.

Geschichten vom Herrn Keuner, Radiotheorie, Über die Oper, Die Maßnahme, Die Ausnahme und die Regel, Aus dem Lesebuch für Städtebewohner. Drehbuch *Die Beule (Dreigroschenfilm).*

1931 Mai/Juni: Zusammentreffen mit Kurt Weill, Bernhard Brentano und Walter Benjamin in Le Lavandou (Südfrankreich).

1932 15. Januar: Uraufführung *Die Mutter* im Schiffbauerdammtheater unter Brechts Regie. Februar: *Die heilige Johanna der Schlachthöfe* in Hörspielfassung im Radio Berlin. März: *Kuhle Wampe* (Drehbuch: Brecht, Regie: Slatan Dudow) von der Filmprüfstelle verboten. *Die Mutter* (nach Maxim Gorki), *Die Rundköpfe und die Spitzköpfe* (1932/34), *Die drei Soldaten,* ein Kinderbuch, illustriert von George Grosz.

1933 28. Januar: In Erfurt wird die Aufführung der *Maßnahme* durch Eingreifen der Polizei unterbrochen. Verfahren wegen Hochverrats gegen die Veranstalter. In Darmstadt wird die Annahme der *Heiligen Johanna der Schlachthöfe* für das Landestheater durch die Stadtverordneten abgelehnt. 28. Februar: Brecht verläßt am Tag nach dem Reichstagsbrand mit seiner Familie und einigen Freunden Deutschland und flieht über Prag, Wien nach Zürich. April bis September: Aufenthalt bei Kurt Kläber in Carona (Tessin). Zusammentreffen mit Thomas und Heinrich Mann, Lion Feuchtwanger, Arnold Zweig, Ernst Toller in Sanary-sur-Mer. 10. Mai: Öffentliche Verbrennung der Bücher Brechts durch die Nationalsozialisten. Juni: Uraufführung und einzige Vorstellung der *Sieben Todsünden* unter George Balanchine in Paris mit Lotte Lenya in der Hauptrolle. Nach vorübergehendem Aufenthalt in Paris weilt Brecht mit seiner Familie in Kopenhagen. Brecht läßt sich in einem Bauernhaus in Svendborg an der dänischen Küste nieder. Dänische Nationalsozialisten verlangen seine Deportation, die Regierung lehnt ab.

Die Horatier und die Kuriatier (1933/34).

1934 Beiträge für die Emigrantenzeitschriften «Die Sammlung» (Amsterdam), «Die neue Weltbühne» (Prag), «Neue deutsche Blätter» (Prag), «Unsere Zeit» (Paris). November bis Dezember: Brecht mit Hanns Eisler in London. *Dreigroschenroman, Lieder, Gedichte, Chöre.*
Juni: Walter Benjamin zu Besuch in Svendborg.

1935 Frühjahr: Reise nach Moskau. Dort Treffen mit Erwin Piscator, Carola Neher, Bernhard Reich, Sergej Tretjakov, Asja Lacis, Gordon Craig. 8. Juni: Offizielle Ausbürgerung durch die Nationalsozialisten. 21./23. Juni: Rede auf dem internationalen Schriftstellerkongreß in Paris. Zur Aufführung *Die Mutter* am 19. November im Civic Repertory Theatre fährt Brecht nach New York.

Furcht und Elend des Dritten Reiches (1935/38), *Vergnügungstheater oder Lehrtheater, Fünf Schwierigkeiten beim Schreiben der Wahrheit.*

1936 Januar/Februar: Mit Hanns Eisler in New York zu einer antifaschistischen Kundgebung. *Die sieben Todsünden* in Kopenhagen nach einer Vorstellung abgesetzt. Juli: Zum Internationalen Schriftstellerkongreß nach London. 4. November: Uraufführung *Die Rundköpfe und die Spitzköpfe* in Kopenhagen. Beiträge für die «Internationale Literatur» (Moskau) und Übernahme der Redaktion der literarischen Monatsschrift «Das Wort» (Moskau) mit Lion Feuchtwanger und Willi Bredel (bis März 1939).
Bemerkungen über die chinesische Schauspielkunst.

1937 Mai: Aufführung *Furcht und Elend des Dritten Reiches* unter Brechts Regie in Paris. *Die Gewehre der Frau Carrar* geschrieben und am 17. Oktober in deutscher Sprache in Paris uraufgeführt (Mitregie: Slatan Dudow). Oktober: Tui-Roman begonnen (Fragment). Bei Lion Feuchtwanger in Sanary-sur-Mer. 28. September: Aufführung der *Dreigroschenoper* im Théâtre de l'Étoile in Paris mit Yvette Guilbert.

1938 Anläßlich der Aufführung *Die Gewehre der Frau Carrar* in Kopenhagen Zusammentreffen mit Martin Andersen-Nexö. 21. Mai: Aufführung einiger Szenen aus *Furcht und Elend des Dritten Reiches* im Salle d'Iléna in Paris mit Ernst Busch und Helene Weigel (Regie: Slatan Dudow). 26. Mai: Brechts Werke in der Ausstellung «Entartete Kunst» in Düsseldorf.
Juni–Oktober: Walter Benjamin bei Brecht in Skovbostrand bei Svendborg.
Juli: Beginn der Expressionismusdebatte im «Wort».
Weite und Vielfalt der realistischen Schreibweise, Leben des Galilei (1938/39), *Der gute Mensch von Sezuan* (1938/39).

1939 23. April: Brecht reist nach Schweden, wohnt etwa ein Jahr im Hause der Bildhauerin Ninan Santesson auf der Insel Lingö bei Stockholm. 12. Mai: Brecht bei dem Emigrantentreffen «Schaffende Emigration» in London. 20. Mai: Brechts Vater stirbt. – Juli: *Furcht und Elend des Dritten Reiches* durch Pierre Abrahams neue Theatergruppe «Les Comédiens d'Anjou» in Paris.
Über reimlose Lyrik mit unregelmäßigen Rythmen, Das Verhör des Lukullus, Mutter Courage und ihre Kinder, Svendborger Gedichte.

1940 April: Brecht fährt nach Helsinki, wohnt von Juli bis Oktober auf dem Gut der finnischen Dichterin Hella Wuolijoki in Marlebäk. 12. Mai: *Verhör des Lukullus* im Radio Beromünster.
Studien, Neue Technik der Schauspielkunst, Die Straßenszene, Herr Puntila und sein Knecht Matti, Anmerkungen zum Volksstück, Flüchtlingsgespräche.

1941 19. April: Uraufführung der *Mutter Courage* im Zürcher Schauspielhaus. Mai: Als sich Finnland mit deutschen Divisionen füllt, reist Brecht mit seiner Familie im Sibirienexpreß über Moskau nach Wladiwostok. In Moskau lassen sie die todkranke Margarete Steffin zurück. Juni: Von Wladiwostok nach San Pedro (Kalifornien). Haus in Santa Monica bei Hollywood. Dort Zusammentreffen mit Lion Feuchtwanger, Peter Lorre, Fritz Kortner, Fritz Lang, Helene Thimig, Max Rheinhardt, Elisabeth Bergner, Alexander Granach, Leonhard Frank, Ferdinand Bruckner, Aldous Huxley, Wystan Hugh Auden, Christopher Isherwood, Hanns Eisler, Paul Dessau, Heinrich Mann, Herbert Marcuse, Günther Anders, Alfred Döblin. Freundschaft mit Charlie Chaplin.

1942   Zusammentreffen mit Arnold Schönberg, Theodor W. Adorno und Max Horkheimer. Oktober: Mit Lion Feuchtwanger Beginn der Arbeit an *Die Geschichte der Simone Machard* (bis Februar 1943). Mit Eric Bentley, Fritz Kortner, Fritz Lang und Vladimir Pozner Arbeit an Filmentwürfen. Beiträge für die Zeitschriften «Aufbau» (New York), «Austro American Tribune» (New York), «Das andere Deutschland» (Buenos Aires).

1943   4. Februar: Uraufführung *Der gute Mensch von Sezuan* im Zürcher Schauspielhaus. Februar: Brecht ist in New York mit Piscator, Wieland Herzfelde, Ernst Bloch, Berthold Viertel, George Grosz, Ernst Sternberg und Wystan Hugh Auden zusammen. Juni: Kurt Weill bei Brecht in Santa Monica. 9. September: Uraufführung *Leben des Galilei* im Zürcher Schauspielhaus. Zusammen mit Paul Dessau Arbeit an *Die Reisen des Glücksgotts* (bis 1947). *Hangmen also die* (unter Mitregie von Fritz Lang) bei den United Artists. In New York erscheint *A Penny for the Poor* (Dreigroschenroman) in der Übersetzung von W. H. Auden und Chr. Isherwood. 13. November: Brechts Sohn Frank fällt in Rußland.
Duchess of Malfi (nach Webster) (1943/44).

1944   *Der kaukasische Kreidekreis* (1944/45).

1945   *Furcht und Elend des Dritten Reiches* in New York aufgeführt.

1946   Mit Charles Laugthon Übersetzung und Inszenierung von *Leben des Galilei*. Verschiedene Reisen nach New York. Herbst: Brecht in New York zu Aufführung der *Duchess of Malfi* mit Elisabeth Bergner.

1947   Erstaufführung *Furcht und Elend des Dritten Reiches* in Berlin. 31. Juli: Uraufführung der amerikanischen Fassung von *Leben des Galilei* in Beverley Hills bei Hollywood mit Charles Laughton in der Hauptrolle. Modellbuch *Leben des Galilei*. 30. Oktober: Verhör wegen «unamerikanischen Verhaltens» in Washington. 31. Oktober: Abflug nach Paris und Zürich. November: Verhör wegen unamerikanischen Verhaltens in Washington. 7. Dezember: *Leben des Galilei* im Maxime Elliott's Theatre in New York.

1948   Haus am Züriberg am Zürcher See. Zusammen mit Max Frisch, Caspar Neher und Günther Weisenborn. Februar: Antigone-Modellaufführung mit Helene Weigel in der Hauptrolle. Modellbuch *Leben des Galilei*. 5. Juni: Uraufführung *Herr Puntila und sein Knecht Matti* im Zürcher Schauspielhaus.
Brecht wartet auf seine Einreisegenehmigung nach Westdeutschland. Da sie ihm von den alliierten Behörden versagt wird, fährt er mit

tschechischem Paß im August über Prag nach Ostberlin. Ankunft am 22. Oktober. Haus in Weißensee. Übernahme der Generalintendanz des Deutschen Theaters.
Antigonemodell 1948, Kleines Organon für das Theater, Tage der Commune, Kalendergeschichten.

1949   Wiederaufnahme der *Versuche* im Suhrkamp Verlag. September: Zusammen mit Helene Weigel gründet Brecht das Berliner Ensemble. 6. Januar: Premiere der *Mutter Courage*. 12. November: *Herr Puntila und sein Knecht Matti* in der Inszenierung des Berliner Ensembles am Deutschen Theater Berlin.
Die Geschäfte des Herrn Julius Caesar (Fragment).

1950   15. April: Aufführung des Lenzschen *Hofmeisters* durch das Berliner Ensemble am Deutschen Theater. Brecht wird Mitglied der Deutschen Akademie der Künste in Ostberlin. 12. April: Zusammen mit Helene Weigel erwirbt Brecht die österreichische Staatsbürgerschaft. Haus in Buckow.
Buckower Elegien.

1951   12. Januar: Aufführung *Die Mutter* durch das Berliner Ensemble am Deutschen Theater. 17. März: *Das Verhör des Lukullus* an der Berliner Staatsoper. Bestimmung einer Textänderung durch die SED. August: Uraufführung des *Herrnburger Berichts* auf den Weltjugendfestspielen in Ostberlin. 26. September: *Offener Brief an die deutschen Künstler und Schriftsteller.* 7. Oktober: Brecht wird der Nationalpreis 1. Klasse verliehen. 8. November: *Brief an den Weltfriedensrat.*
Der Herrnburger Bericht, die Erziehung der Hirse. Herausgabe der *Hundert Gedichte. Die Dialektik auf dem Theater* (1951/56).

1952   Februar: Reise nach Warschau. 16. November: *Die Gewehre der Frau Carrar* in der Aufführung des Berliner Ensembles am Deutschen Theater.

1953   Januar: Telegramm an Albert Einstein, Arthur Miller und Ernest Hemingway wegen Ethel und Julius Rosenberg. Mai: Brecht wird von der Generalversammlung des PEN-Zentrums Ost und West zum Vorsitzenden gewählt. 17. Mai: Aufführung von Erwin Strittmatters *Katzgraben* durch das Berliner Ensemble am Deutschen Theater. Zum Aufstand am 17. Juni in Berlin schickt Brecht einen Brief an Ulbricht, von dem nur der letzte Satz veröffentlicht wird. 21. Juni: Weiteres Telegramm an Ulbricht.
Turandot oder der Kongreß der Weißwäscher.

1954   März: Das Berliner Ensemble bezieht das «Theater am Schiffbauerdamm». 15. Juni: Uraufführung des *Kaukasischen Kreidekreises* durch das Berliner Ensemble. Ende Juli: Das Berliner Ensemble gewinnt auf dem Festival de Paris mit der Aufführung der *Mutter Courage* den ersten Preis. Oktober: *Bei Durchsicht meiner ersten Stücke.* 2. Dezember: Zusammen mit Johannes R. Becher Leitung der *Gesamtberliner Gespräche.* 21. Dezember: Auszeichnung mit dem internationalen Stalin-Friedenspreis.

159

Beginn der Brecht-Ausgabe des Suhrkamp- und des Aufbau-Verlages. *Buckower Elegien.*

1955 12. Januar: Aufführung von Johannes R. Bechers *Winterschlacht* durch das Berliner Ensemble. 12. Februar: Rede auf dem Deutschen Friedensrat in Dresden mit einer Erklärung gegen die Pariser Verträge. 23./24. März: Brecht auf einer PEN-Tagung in Hamburg. 15. Mai: Brecht schreibt an die Deutsche Akademie der Künste einen Brief mit Begräbnisanweisungen. Anschließend Reise nach Moskau zur Entgegennahme des internationalen Stalin-Friedenspreises. - Zum Darmstädter Gespräch über Theater schickt Brecht einen Beitrag *Kann die heutige Welt durch Theater wiedergegeben werden?* Juni: Auf dem Festival de Paris gewinnt das Berliner Ensemble einen weiteren Preis für die Aufführung des *Kaukasischen Kreidekreises.*

Brecht kauft ein Haus an der dänischen Küste, um sich dort zum Schreiben zurückzuziehen.

Die Kriegsfibel.

1956 Januar: Rede auf dem vierten deutschen Schriftstellerkongreß. In der Charité wegen Folgen einer Virusgrippe. Februar: Reise nach Mailand zur Aufführung der *Dreigroschenoper* unter Giorgio Strehlers Regie. 4. Juli: *Offener Brief an den deutschen Bundestag in Bonn.* 10. August: Letzte Theaterprobe mit Brecht für die *Galilei*-Aufführung des Berliner Ensembles. 14. August um 23.45 Uhr Tod infolge eines Herzinfarkts. 15. August: Abnahme der Totenmaske durch Fritz Cremer. 17. August: Begräbnis auf dem Dorotheenfriedhof Berlin. 18. August: Totenfeier im Schiffbauerdammtheater.

Von wem ist die Rede, außer von Geld?

Zweimal im Leben . . .

... sollte ein Mann nicht spekulieren: wenn er es sich nicht leisten kann, und wenn er es kann. Er, der das schrieb, konnte freilich zeitlebens kaum einer geschäftlichen Spekulation widerstehen. Als er, unter anderem, Verleger war, steckte er einmal etliche hunderttausend Dollar in die Entwicklung einer Setzmaschine, die sich hinterher als wertlos erwies.

Er wurde geboren im Jahr, als James Gordon Bennett den «New York Herald» gründete, und Zeitungsberichte machten ihn später berühmt. Bei seinem Bruder lernte er das Druckerhandwerk. Eine seiner ersten Kurzgeschichten, «The Dandy Frightening the Sqatter», erschien in einer Bostoner Zeitschrift unter den Initialen seines Namens: S. L. C. Heute ist er freilich nur unter einem seiner Pseudonyme bekannt.

Als 18jähriger wanderte er nach New York und Philadelphia und veröffentlichte seine Reiseberichte in der «Keokuk Saturday Post» unter dem Pseudonym Thomas Jefferson Snodgrass. Drei Jahre später wollte er nach Südamerika fahren, blieb aber auf dem Schiff hängen und ließ sich zum Steuermann ausbilden. Nach etlichen Jahren als Schiffsführer ging er mit seinem Bruder nach Nevada, versuchte sich als Holzhändler, dann im Bergbau, aber ohne Glück. Er begann wieder Kurzgeschichten zu schreiben, signierte sie mit «Josh», erhielt ein Angebot als Lokalreporter, zog nach San Francisco und wurde Reisekorrespondent. Von seinen gesammelten Reiseberichten aus Frankreich, Italien, Griechenland, der Türkei und Jerusalem wurden trotz des hohen Preises – bis zu 5 Dollar pro Buch – in einem Jahr 150 000 Exemplare verkauft.

Er heiratete Olivia Langdon und lebte fortan als freier Schriftsteller in Europa, in Connecticut und in New York. Als erster Schriftsteller der Welt benutzte er eine Schreibmaschine und tippte darauf das Manuskript seines Meisterwerks. Er starb im selben Jahr wie Tolstoi.

Wer war's? (Alphabetische Lösung: 13–1–18–11 20–23–1–9–14)

ZEUGNISSE

HERBERT IHERING

Der vierundzwanzigjährige Dichter Bert Brecht hat über Nacht das dichterische Antlitz Deutschlands verändert. Mit Bert Brecht ist ein neuer Ton, eine neue Melodie, eine neue Vision in der Zeit.

Nicht das ist das künstlerische Ereignis, daß Bert Brecht in seinem ersten Stück «Trommeln in der Nacht» Zeitereignisse gestaltet, die bisher beredet wurden. Das Ereignis ist, daß die Zeit als Hintergrund, als Atmosphäre auch in den Dramen ist, die jenseits aller stofflichen Aktualität sind. Brecht ist in seinen Nerven, in seinem Blut vom Grauen der Zeit durchdrungen. Dieses Grauen ist als fahle Luft und halbes Licht um Menschen und Räume. Es ballt sich in den Spielpausen und in den Szeneneinschnitten. Es läßt die Figuren frei und schluckt sie wieder ein. Die Gestalten phosphoreszieren.

Brecht empfindet das Chaos und die Verwesung körperlich. Daher die beispiellose Bildkraft der Sprache. Diese Sprache fühlt man auf der Zunge, am Gaumen, im Ohr, im Rückgrat. Sie läßt Zwischenglieder weg und reißt Perspektiven auf. Sie ist brutal sinnlich und melancholisch zart. Gemeinheit ist in ihr und abgründige Trauer. Grimmiger Witz und klagende Lyrik. Brecht sieht den Menschen. Aber immer in seiner Wirkung auf den anderen Menschen. Niemals steht bei ihm eine Gestalt isoliert. Seit langem hat es in Deutschland keinen Dichter gegeben, der so voraussetzungslos die tragischen Notwendigkeiten hatte: die Verknüpftheit der Schicksale, die Einwirkung der Menschen aufeinander.   *Kritik. 5. 10. 1922*

KARL KRAUS

Der maßgebendste [Grund für einen Vortrag aus Bert Brecht] dürfte wohl der sein, daß ich ihn für den einzigen deutschen Autor halte, der – trotz und mit allem, womit er bewußt seinem dichterischen Wert entgegenwirkt – heute in Betracht zu kommen hat, für den einzigen, der ein Zeitbewußtsein, dessen Ablehnung als «asphalten» gar nicht so uneben ist, aus der Flachheit und Ödigkeit, die die beliebteren Reimer der Lebensprosa verbreiten, zu Gesicht und Gestalt emporgebracht hat. Für die Verse von «Kranich und Wolke» jedoch gebe ich die Literatur sämtlicher Literaten hin, die sich irrtümlich für seine Zeitgenossen halten.   *Die Fackel. März 1932*

WALTER BENJAMIN

Der Begriff des epischen Theaters [den Brecht als Theoretiker seiner
poetischen Praxis gebildet hat] deutet vor allem an, dieses Theater
wünsche sich ein entspanntes, der Handlung gelockert folgendes
Publikum. Es wird freilich immer als Kollektiv auftreten, und das
unterscheidet es von dem Lesenden, der mit seinem Text allein ist.
Auch wird sich dies Publikum, eben als Kollektiv, meist zu prompter
Stellungnahme veranlaßt sehen. Aber diese Stellungnahme, so denkt
sich Brecht, sollte eine überlegte, damit eine entspannte, kurz gesagt: die von Interessenten sein... Das epische Theater richtet sich
an Interessenten, die «ohne Grund nicht denken». Brecht verliert die
Massen nicht aus dem Auge, deren bedingter Gebrauch des Denkens
wohl mit dieser Formel zu decken ist. In dem Bestreben, sein Publikum fachmännisch, jedoch ganz und gar nicht auf dem Wege über
die bloße Bildung am Theater zu interessieren, setzt sich ein politischer Wille durch.   *Was ist episches Theater? 1939*

MAX FRISCH

Die Faszination, die Brecht immer wieder hat, schreibe ich vor allem
dem Umstand zu, daß hier ein Leben wirklich vom Denken aus ge-
lebt wird. Einem überragenden Talent gegenüber, was Brecht neben-
bei auch ist, im Augenblick wohl das größte in deutscher Sprache,
kann man sich durch Bewunderung erwehren... Seine Haltung, und
bei Brecht ist es wirklich eine Haltung, die jede Lebensäußerung umfaßt, ist die tägliche Anwendung jener denkerischen Ergebnisse, die
unsere gesellschaftliche Umwelt als überholt, in ihrem gewaltsamen
Fortdauern als verrucht zeigen, so daß diese Gesellschaft nur als Hin-
dernis, nicht als Maßstab genommen werden kann; Brecht verhält
sich zur Zukunft; das wird immer etwas Geharnischtes mit sich bringen, die Gefahr zeitweiliger Erstarrungen, die nichts mehr zulassen.
Es ist auch in dieser Hinsicht nicht zufällig, daß Brecht zumal gegenüber den Schauspielern so unermüdlich für das Lockere wirbt, das
Entkrampfte; sein eigenes Werk, wo es dichterisch ist, hat es auch immer im höchsten Grade. Das Lockere, das Entkrampfte: eine unerhörte
Forderung innerhalb eines Lebens, wie Brecht es führt, eines Lebens
in Hinsicht auf eine entworfene Welt, die es in der Zeit noch nirgends
gibt, sichtbar nur in seinem Verhalten, das ein gelebter, ein unerbittlicher und durch Jahrzehnte außenseiterischer Mühsal niemals zer-
mürbter Widerspruch ist. Christen verhalten sich zum Jenseits, Brecht
zum Diesseits. Das ist einer der Unterschiede zwischen ihm und den
Priestern, denen er, wie gerne er sie auch aus seiner anderen Zielset-
zung heraus verspottet, nicht so unähnlich ist.   *Tagebuch. 1948*

Peter Suhrkamp

Daß Brecht als Dichter, im Gedicht und im Drama die Historie unseres Volkes seit 1918 schreibt, wird noch viel zuwenig gesehen, es wird aber dem, der diese Zeit intensiv miterlebt hat, bei einer zusammenhängenden Lektüre seiner Gedichte so wie seiner Dramen vehement deutlich. Seine Gedichte und Lieder bewahren nicht nur die Zeitatmosphäre, sie sind in Sprache und Vorgang vom Gestus bestimmter Figuren und Ereignisse der Zeit geprägt... In Brechts Gedichten und Liedern sind Haltungen vieler Menschen mannigfacher Art verwendet, sie machen sie in jedem Moment und immer wieder aktuell.   *Brecht, Gedichte und Lieder. Vorwort. 1956*

Carl Zuckmayer

Ich glaube, was von Brechts Werk bleiben wird, liegt auf dieser Linie des «Welthaltigen», nicht des Didaktischen, in seiner persönlichen Melodie, die von Nachfolgern seines Stils oder seiner Methode nicht zu erjagen ist. Ich bewundere seine Theaterarbeit, mehr noch seine Lyrik, und trauere um eine unersetzliche Gestalt in der deutschen Dichtung, und um einen Kameraden der Jugend.
                    Brief an Peter Suhrkamp. 17. 8. 1956

Lion Feuchtwanger

Deutschland hat viele große Sprachmeister. Sprachschöpfer hatte es in diesem zwanzigsten Jahrhundert einen einzigen: Brecht. Brecht hat bewirkt, daß die deutsche Sprache heute Spürungen und Gedanken ausdrücken kann, die sie, als Brecht zu dichten anfing, nicht auszusagen vermochte.   *Bertolt Brecht. 1957*

Willy Haas

Seine Erscheinung als eine Gesamtheit, als eine unverkennbare, unwiederholbare Zeiterscheinung, mit ihren Inkonsequenzen, ihren Tücken, ihrem Ehrgeiz, mit ihrem spezifischen Genie und sogar mit ihrem spezifischen Schwindel, wird immer wieder auftauchen, wo einer, der dazu legitimiert ist, die Geistes- und Kulturgeschichte dieser Epoche schreiben wird. Sie läßt sich gar nicht schreiben oder denken ohne die Erscheinung Bert Brechts.   *Bert Brecht. 1958*

BIBLIOGRAPHIE

Die vorliegende Auswahlbibliographie verzeichnet von den Werkausgaben Brechts in erster Linie die großen Sammelausgaben; darüber hinaus die «Materialienbände» zu den einzelnen Stücken, die als Vorarbeiten für eine künftige kommentierte Gesamtausgabe gelten dürfen. Nicht aufgenommen werden die Erstdrucke der einzelnen Werke, die zahlreichen Einzelausgaben und Auswahlsammlungen sowie die Übersetzungen der Werke Brechts.

Aus der inzwischen unübersehbaren Fülle der Sekundärliteratur kann in diesem Rahmen lediglich eine knappe Auswahl gegeben werden. Es sind vor allem nur solche Bücher und Aufsätze berücksichtigt, die sich ausschließlich mit Brecht beschäftigen. Ungedruckte Dissertationen, kürzere Beiträge in Zeitschriften und Essaybänden, Gedenkartikel sowie Besprechungen von Theateraufführungen sind grundsätzlich ausgeschieden. Die oft wichtigen Einzelbeiträge der in Abschnitt 5 genannten Sammelbände konnten aus Raumgründen nicht jeweils gesondert aufgeführt werden.

Detailliertere und weiterführende Hilfe leisten die in Abschnitt 1 genannten Bibliographien, auf die für eine eingehendere Beschäftigung mit Brecht nachdrücklich verwiesen sei.

1. Bibliographien und Forschungsberichte

Bertolt-Brecht-Archiv. Bestandsverzeichnis des literarischen Nachlasses. Berlin–Weimar 1969–1973
  Bd. 1: Stücke. Bearb. von HERTA RAMTHUN. 1969
  Bd. 2: Gedichte. Bearb. von HERTA RAMTHUN. 1970
  Bd. 3: Prosa, Filmtexte, Schriften. Bearb. von HERTA RAMTHUN. 1972
  Bd. 4: Gespräche, Notate, Arbeitsmaterialien. Bearb. von HERTA RAMTHUN. 1973
NUBEL, WALTER: Bertolt Brecht-Bibliographie. In: Sinn und Form 9 (1957), Zweites Sonderheft Bertolt Brecht, S. 479–623
PETERSEN, KLAUS-DIETRICH (ab Folge IV: BARBARA GLAUBERT und KLAUS-DIETRICH PETERSEN): Bertolt Brecht-Bibliographie [I]-V. In: Arbeitskreis Bertolt Brecht. Mitteilungen und Diskussionen. Nachrichtenbrief 9 (Mai 1963), S. 1–27; 20 (Juni 1964), S. 40–46; 25 (Januar 1965), S. 1–8; 54/55 (Dezember/Januar 1967/68), S. 1–19; 64 (Dezember 1968), S. 95–118
PETERSEN, KLAUS-DIETRICH: Bertolt-Brecht-Bibliographie 1957–1964. In: Bertolt Brecht. Leben und Werk. Dortmund 1966. (Dichter und Denker unserer Zeit. 35) S. 35–143
BUSSE, CHRISTA: Brecht-Bibliografie. Nicht veröffentlichte wissenschaftliche Arbeiten über Bertolt Brecht, die an Universitäten und Hochschulen der DDR geschrieben wurden. In: Theater der Zeit 23 (1968), H. 2, S. I–V – Wiederabdruck in: Arbeitskreis Bertolt Brecht. Mitteilungen und Diskussionen. Nachrichtenbrief 58 (April 1968), S. 48–52 – Ergänzter Wiederabdruck in: Brecht-Dialog 1968. Politik auf dem Theater. Zusammenstellung und Redaktion: WERNER HECHT. Berlin 1968. S. 303–324 – Lizenzausg.: München 1969
PETERSEN, KLAUS-DIETRICH: Bertolt-Brecht-Bibliographie. Bad Homburg v. d. H. 1968. 87 S. (Bibliographien zum Studium der deutschen Sprache und Literatur. 2)
GRIMM, REINHOLD: Bertolt Brecht. 3. neu bearb. Aufl. Stuttgart 1971. XLIV, 208 S. (Sammlung Metzler. 4) [Darin detaillierte bibliographische

Angaben: S. XV–XLIV; 5–9; 25–38; 55–74; 82–103; 121–199.]

PETERSEN, KLAUS-DIETRICH: Kommentierte Auswahlbibliographie. In: Bertolt Brecht I. München 1972. (Text und Kritik. Sonderband) S. 142–158

VÖLKER, KLAUS: Verzeichnis sämtlicher Stücke, Bearbeitungen und Fragmente zu Stücken von Bertolt Brecht. In: Bertolt Brecht II. München 1973. (Text und Kritik. Sonderband) S. 210–225

HERGESELL, R.: Sekundärliteratur zum Thema: Brechts Verhältnis zur Tradition. Auswahlbibliographie. In: WERNER MITTENZWEI: Brechts Verhältnis zur Tradition. Berlin 1973. S. 265–292

SEIDEL, GERHARD: Bibliographie Bertolt Brecht. Titelverzeichnis. Berlin–Weimar 1975
Bd. 1: Deutschsprachige Veröffentlichungen aus den Jahren 1913–1972. Werke von Brecht. Sammlung, Dramatik

ROST, MARITTA: Brecht-Bücher der DDR. Eine Bibliographie aus Anlaß des 80. Geburtstages von Bertolt Brecht. Leipzig 1977 (Bibliographischer Informationsdienst der Deutschen Bücherei. 20)

GEERDTS, HANS-JÜRGEN: Bertolt Brechts Lebenswerk als Gegenstand westdeutscher Literaturwissenschaft und Publizistik. In: Weimarer Beiträge 7 (1961), S. 361–376

FRADKIN, ILJA: Der Streit um Brecht. In: Sowjetwissenschaft, Kunst und Literatur 14, II (1966), S. 943–961

MÜNZ-KOENEN, INGEBORG: Brecht im Spiegel westdeutscher Publikationen. In: Weimarer Beiträge 15 (1969), S. 123–147

HECHT, WERNER: Probleme der Edition von Brecht-Texten. In: HECHT, Aufsätze über Brecht. Berlin 1970. S. 147–184 – Wiederabdruck in: HECHT, Sieben Studien über Brecht. Frankfurt a. M. 1972 (edition suhrkamp. 570) S. 220–267

SEIDEL, GERHARD: Die Funktions- und Gegenstandsbedingtheit der Edition, untersucht an poetischen Werken Bertolt Brechts. Berlin 1970. 293 S., Taf. (Deutsche Akademie der Wissenschaften zu Berlin. Veröffentlichungen des Instituts für deutsche Sprache und Literatur. 46)

KNOPF, JAN: Bertolt Brecht. Ein kritischer Forschungsbericht. Fragwürdiges in der Brecht-Forschung. Frankfurt a. M. 1974 (Fischer-Athenäum-Taschenbücher. 2028: Literaturwissenschaft). S. 201–221

Bertolt-Brecht-Tagung, 1973/Wrocław. Wrocław 1975

WYSS, MONIKA (Bearb.): Brecht in der Kritik. Rezensionen aller Brecht-Uraufführungen sowie ausgewählter deutscher und fremdsprachiger Premieren. Eine Dokumentation. München 1977

Text und Kritik. Sonderband 1.2.: ARNOLD, HANS LUDWIG (Hg.): Bertolt Brecht. München 1972/73

Das Argument. Argument-Sonderband 50: HAUG, WOLFGANG FRITZ (Hg.): Aktualisierung Brechts. Berlin 1980

Brecht-Jahrbuch. Hg. von der Internationalen Brecht-Gesellschaft. Frankfurt a. M. 1974 f

2. Werke

a) Sammelausgaben

Versuche 1–16. H. 1–7. Berlin (Kiepenheuer) 1930–1933
Versuche 19–27; 29; 31; 32; 35; 37. H. 9–15. Berlin, Frankfurt a. M.

(Suhrkamp Verlag) 1949–1957 – Parallelausg.: Berlin (Aufbau-Verlag) 1951–1957

Versuche. Sonderheft. Berlin (Ausbau-Verlag) 1953 – 6. Aufl. 1960

Versuche 1–19 [recte: 17]. H. 1–8. (Neudruck.) 2 Bde. Berlin, Frankfurt a. M. (Suhrkamp Verlag) 1959 – Nachdruck: 1963 – Parallelausg.: Berlin (Aufbau-Verlag) 1963

Gesammelte Werke. 2 Bde. London (Malik-Verlag) 1938 [Enthält eine Auswahl der Stücke.]

Stücke. 14 Bde. Berlin, Frankfurt a. M. (Suhrkamp-Verlag) 1953–1967 – Parallelausg.: Berlin (Aufbau-Verlag) 1955–1967

Gedichte. 9 Bde. Frankfurt a. M. (Suhrkamp Verlag) 1960–1965 – Parallelausg.: Berlin (Aufbau-Verlag) 1961–1965

Schriften zum Theater. Redaktion: WERNER HECHT. 7 Bde. Frankfurt a. M. (Suhrkamp Verlag) 1963–1964 – Parallelausg.: Berlin (Aufbau-Verlag) 1964

Prosa. 5 Bde. Frankfurt a. M. (Suhrkamp Verlag) 1965

Schriften zur Literatur und Kunst. Redaktion: WERNER HECHT. 3 Bde. Frankfurt a. M. (Suhrkamp Verlag) 1967 – Parallelausg.: 2 Bde. Berlin (Aufbau-Verlag) 1966

Schriften zur Politik und Gesellschaft. Redaktion: WERNER HECHT. 1 Bd. Frankfurt a. M. (Suhrkamp Verlag) 1968 – Parallelausg.: 2 Bde. Berlin (Aufbau-Verlag) 1968

Gesammelte Werke. Hg. vom Suhrkamp Verlag in Zusammenarbeit mit ELISABETH HAUPTMANN. (Stücke; Gedichte. Redaktion: ELISABETH HAUPTMANN in Zusammenarbeit mit ROSEMARIE HILL. – Prosa. Redaktion: HERTA RAMTHUN und KLAUS VÖLKER. – Schriften. Redaktion: WERNER HECHT.) Frankfurt a. M. (Suhrkamp Verlag) 1967
2 Ausgaben:
Gesammelte Werke in 20 Bänden. 1967 (werkausgabe edition suhrkamp) – 2. Aufl. 1968
Bd. 1–7: Stücke 1–7 – Bd. 8–10: Gedichte 1–3 – Bd. 11–14: Prosa 1–4 – Bd. 15–17: Schriften zum Theater 1–3 – Bd. 18–19: Schriften zur Literatur und Kunst – Bd. 20: Schriften zur Politik und Gesellschaft
Gesammelte Werke in acht Bänden 1967
Bd. 1–3: Stücke 1–3 – Bd. 4: Gedichte – Bd. 5–6: Prosa 1–2 – Bd. 7–8: Schriften 1–2

Texte für Filme. Redaktion: WOLFGANG GERSCH und WERNER HECHT. 2 Bde. Frankfurt a. M. (Suhrkamp Verlag) 1969 (Gesammelte Werke. Supplement-Bände)
Bd. 1: Drehbücher. Protokoll Kuhle Wampe. – Bd. 2: Exposés. Szenarien

Arbeitsjournal. Hg. von WERNER HECHT. 3 Bde. Frankfurt a. M. (Suhrkamp Verlag) 1973
Bd. 1: 1938–1942 – Bd. 2: 1942–1955 – Bd. 3: Anmerkungen

Tagebücher 1920 bis 1922. Autobiographische Aufzeichnungen 1920–1954. Hg. von HERTA RAMTHUN. Frankfurt a. M. 1975

b) Modellbücher und Materialienbände

Theaterarbeit. 6 Aufführungen des Berliner Ensembles. («Herr Puntila und sein Knecht Matti», «Der Hofmeister», «Die Mutter», «Mutter Courage und ihre Kinder» u. a.) Redaktion: RUTH BERLAU, BERTOLT BRECHT, CLAUS HUBALEK, PETER PALITZSCH, KÄTHE RÜLICKE. Hg.: Berliner Ensemble, Helene

Weigel. Dresden (Dresdner Verlag) 1952 – Lizenzausg.: Düsseldorf (Progreß-Verlag) 1955

Antigonemodell 1948. Von BERTOLT BRECHT und CASPAR NEHER. Redigiert von RUTH BERLAU. Berlin (Gebr. Weiß) 1949 – Lizenzausg.: Berlin (Henschelverlag) 1955 (Modellbücher des Berliner Ensemble. 1)

Aufbau einer Rolle. Galilei. 3 Hefte. H. 1: BERTOLT BRECHT: Laughtons Galilei. H. 2: HANNS EISLER: Buschs Galilei. H. 3: Text. Berlin (Henschelverlag) 1956–1958 (Modellbücher des Berliner Ensemble. 2)

Couragemodell 1949. Mutter Courage und ihre Kinder. 3 Hefte. H. 1: Text. H. 2: Aufführung. Szenenfotos der Aufführungen des Deutschen Theaters, des Berliner Ensemble und der Münchener Kammerspiele. H. 3: Anmerkungen. Berlin (Henschelverlag) 1958 (Modellbücher des Berliner Ensemble. 3)

Brecht: Gespräch auf der Probe. Mit Szenenbildern von Brechts eigenen Inszenierungen. Zürich (Sanssouci-Verlag) 1961. 95 S. mit Abb. (Galerie Sanssouci)

Brecht inszeniert. Der kaukasische Kreidekreis. Text von ANGELIKA HURWICZ. Velber b. Hannover 1964. 84 S. mit Abb. (Reihe Theater heute)

Die Mutter. Regiebuch der Schaubühnen-Inszenierung. Hg. von VOLKER CANARIS. Frankfurt a. M. (Suhrkamp Verlag) 1971 (edition suhrkamp). 517)

Dreigroschenbuch. Texte, Materialien, Dokumente. Hg. von SIEGFRIED UNSELD. Frankfurt a. M. (Suhrkamp Verlag) 1960

Materialien zu «Leben des Galilei». Zusammengestellt von WERNER HECHT. Frankfurt a. M. (Suhrkamp Verlag) 1963 (edition suhrkamp. 44)

Materialien zu «Mutter Courage und ihre Kinder». Zusammengestellt von WERNER HECHT. Frankfurt a. M. (Suhrkamp Verlag) 1964 (edition suhrkamp. 50)

Die Antigone des Sophokles. Materialien zur «Antigone». Zusammengestellt von WERNER HECHT. Frankfurt a. M. (Suhrkamp Verlag) 1965 (edition suhrkamp. 134)

Materialien zu «Der kaukasische Kreidekreis». Zusammengestellt von WERNER HECHT. Frankfurt a. M. (Suhrkamp Verlag) 1966 (edition suhrkamp. 155)

Baal. Drei Fassungen. Kritisch ediert und kommentiert von DIETER SCHMIDT. Frankfurt a. M. (Suhrkamp Verlag) 1966 (edition suhrkamp. 170)

Der Jasager und Der Neinsager. Vorlagen, Fassungen, Materialien. Hg. von PETER SZONDI. Frankfurt a. M. (Suhrkamp Verlag) 1966 (edition suhrkamp. 171)

Leben Eduards des Zweiten von England. Vorlage, Texte und Materialien. Ediert von REINHOLD GRIMM. Frankfurt a. M. (Suhrkamp Verlag) 1968 (edition suhrkamp. 245)

Im Dickicht der Städte. Erstfassung und Materialien. Ediert und kommentiert von GISELA E. BAHR. Frankfurt a. M. (Suhrkamp Verlag) 1968 (edition suhrkamp. 246)

Materialien zu «Der gute Mensch von Sezuan». Zusammengestellt und redigiert von WERNER HECHT. Frankfurt a. M. (Suhrkamp Verlag) 1968 (edition suhrkamp. 247)

Baal. Der böse Baal der asoziale. Texte, Varianten, Materialien. Kritisch ediert und kommentiert von DIETER SCHMIDT. Frankfurt a. M. (Suhrkamp Verlag) 1968 (edition suhrkamp. 248)

Materialien zu «Die Mutter». Zusammengestellt und redigiert von WERNER HECHT. Frankfurt a. M. (Suhrkamp Verlag) 1969 (edition suhrkamp. 305)

Der Brotladen. Ein Stückfragment. Bühnenfassung und Texte aus dem Fragment. Frankfurt a. M. (Suhrkamp Verlag) 1969 (edition suhrkamp. 339)

Kuhle Wampe. Protokoll des Films und Materialien. Ediert von WOLFGANG

GERSCH und WERNER HECHT. Frankfurt a. M. (Suhrkamp Verlag) 1969 (edition suhrkamp. 362)
Materialien zu «Der aufhaltsame Aufstieg des Arturo Ui». Zusammengestellt von FRIEDRICH DIECKMANN. Frankfurt a. M. (Suhrkamp Verlag) 1971 (edition suhrkamp. 460)
Die heilige Johanna der Schlachthöfe. Bühnenfassung, Fragmente, Varianten. Kritisch ediert von GISELA E. BAHR. Frankfurt a. M. (Suhrkamp Verlag) 1971 (edition suhrkamp. 427)
Die Maßnahme. Kritische Ausgabe mit einer Spielanleitung von REINER STEINWEG. Frankfurt a. M. (Suhrkamp Verlag) 1972 (edition suhrkamp. 415)
Materialien zu «Schweyk im zweiten Weltkrieg». Hg. von HERBERT KNUST. Frankfurt a. M. (Suhrkamp Verlag) 1973 (edition suhrkamp. 604)

3. Lebenszeugnisse

BRONNEN, ARNOLT: Tage mit Bertolt Brecht. Geschichte einer unvollendeten Freundschaft. München 1960. 167 S. mit 40 Abb.
ANDERS, GÜNTHER: Bert Brecht. Gespräche und Erinnerungen. Zürich 1962. 56 S. (Die kleinen Bücher der Arche. 356/357)
MÜNSTERER, HANS OTTO: Bert Brecht. Erinnerungen aus den Jahren 1917–22. Mit Photos, Briefen und Faksimiles. Zürich 1963. 191 S. – Lizenzausg.: Berlin 1966. 176 S.
STERNBERG, FRITZ: Der Dichter und die Ratio. Erinnerungen an Bertolt Brecht. Göttingen 1963. 71 S. (Schriften zur Literatur. 2)
Erinnerungen an Brecht. Zusammengestellt von HUBERT WITT. Leipzig 1964. 374 S. (Reclams Universalbibliothek. 117)
FLEISSER, MARIELUISE: Frühe Begegnung. In: Akzente 13 (1966), S. 239–248
FRISCH, MAX: Erinnerungen an Brecht. In: Kursbuch 1966, Nr. 7, S. 54–79 – Einzelausg.: Berlin 1968. 22 S.
Geschichten vom Herrn B. 99 Brecht-Anekdoten. Aufgeschrieben von ANDRÉ MÜLLER und GERD SEMMER. Frankfurt a. M. 1967. 107 S. (Insel-Bücherei. 895)
Geschichten vom Herrn B. 100 neue Brecht-Anekdoten. Aufgeschrieben von ANDRÉ MÜLLER und GERD SEMMER. München 1968. 107 S.
BUNGE, HANS: Fragen Sie mehr über Brecht. Hanns Eisler im Gespräch. Nachwort von STEPHAN HERMLIN. München 1970. 265 S., Taf.
Da sind überall Schwierigkeiten. Brecht diskutiert mit Greifswalder Studenten. Ein Gespräch im Berliner Ensemble am 28. März 1954. In: Weimarer Beiträge 19 (1973), H. 2, S. 10–26
MINDER, ROBERT: Die wiedergefundene Großmutter. Brechts schwäbische Herkunft. In: Merkur 20 (1966), S. 318–332 – Wiederabdruck u. d. T.: Brecht und die wiedergefundene Großmutter. In: MINDER, Dichter in der Gesellschaft. Erfahrungen mit deutscher und französischer Literatur. Frankfurt a. M. 1966. S. 191–209 – MINDER, «Hölderlin unter den Deutschen» und andere Aufsätze zur deutschen Literatur. Frankfurt a. M. 1968. (edition suhrkamp. 275) S. 64–85
RASCH, WOLFDIETRICH: Bertolt Brechts marxistischer Lehrer. Zum ungedruckten Briefwechsel zwischen Brecht und Karl Korsch. In: RASCH, Zur deutschen Literatur seit der Jahrhundertwende. Gesammelte Aufsätze. Stuttgart 1967. S. 243–273.
HAY, GERHARD: Bertolt Brechts und Ernst Hardts gemeinsame Rundfunkarbeit. Mit bisher nicht publizierten Dokumenten. In: Jahrbuch der Deutschen

Schillergesellschaft 12 (1968), S. 112–131

BROWN, THOMAS K.: Brecht and the 17th of June, 1953. In: Monatshefte für deutschen Unterricht 63 (1971), S. 48–55

Helene Weigel zu ehren. Hg. von WERNER HECHT und SIEGFRIED UNSELD. Frankfurt a. M. 1970. 117 S., Abb.

Helene Weigel zum 70. Geburtstag. Hg. von WERNER HECHT und JOACHIM TENSCHERT. Berlin 1970. 161 S., Abb.

FASSMANN, KURT: Brecht. Eine Bildbiographie. München 1958. 144 S. mit Abb. (Kindlers klassische Bildbiographien) – Lizenzausg.: Zürich 1967 – Taschenbuchausg. u. d. T.: Brecht. Bildbiographie. München 1963. 153 S. (Kindlers Taschenbücher. 24)

KÄCHELE, HEINZ: Bertolt Brecht. Sein Leben in Bildern. Leipzig 1963. 62 S. mit Abb.

GOEDHART, GERDA: Bertolt Brecht Porträts. Zürich 1964. 106 S. mit Abb. (Sammlung Horizont)

Brecht. Bilder aus seinem Leben. Hg. von der Landesanstalt für Erziehung und Unterricht Stuttgart. Stuttgart 1969. 64 S.

VOIT, FRIEDRICH: Der Verleger Peter Suhrkamp und seine Autoren. Seine Zusammenarbeit mit ... Bertolt Brecht. Kronsberg 1975 (Theorie, Kritik, Geschichte. 6)

FRISCH, WERNER: Brecht in Augsburg. Erinnerungen, Texte, Fotos. Eine Dokumentation. Frankfurt a. M. 1976 (Suhrkamp Taschenbuch. 297)

HECHT, WERNER (Hg.): Bertolt Brecht, 1898–1956. Zeit, Leben, Werk. Eine Bildmappe. Berlin 1978

LYON, JAMES K.: Bertolt Brecht's American cicerone. With an app. containing the complete correspondence between Bertolt Brecht and Ferdinand Reyher. Bonn 1978 (Abhandlungen zur Kunst-, Musik- und Literaturwissenschaft. Bd. 234)

4. Gesamtdarstellungen

WINTZEN, RENÉ: Bertolt Brecht. Une étude. Œuvres choisies, bibliographie, illustrations. Paris 1954. 222 S., 7 Taf. (Poètes d'aujourd' hui. 43)

SERREAU, GENEVIÈVE: Bertolt Brecht. Paris 1955. 157 S. (Les grandes dramaturges. 4)

KLOTZ, VOLKER: Bertolt Brecht. Versuch über das Werk. Darmstadt 1957. 140 S. – 3. erw. Aufl. Bad Homburg v. d. H. 1967. 144 S.

HAAS, WILLY: Bert Brecht. Berlin 1958. 94 S. (Köpfe des XX. Jahrhunderts. 7)

CHIARINI, PAOLO: Bertolt Brecht. Bari 1959. 311 S. (Biblioteca di cultura moderna. 538)

ESSLIN, MARTIN: Brecht. A choice of evils. A critical study of the man, his work and his opinions. London 1959. XII, 305 S. – Veränd. amerikan. Ausg. u. d. T.: Brecht. The man and his work. Garden City, N. Y. 1960. 360 S.

GRIMM, REINHOLD: Bertolt Brecht. Die Struktur seines Werkes. Nürnberg 1959. 96 S. (Erlanger Beiträge zur Sprach- und Kunstwissenschaft. 5)

DORT, BERNARD: Lecture de Brecht. Paris 1960. 219 S.

GRAY, RONALD: Brecht. Edinburgh 1961. VI, 120 S. (Writers and critics. 8)

GRIMM, REINHOLD: Bertolt Brecht. Stuttgart 1961. 94 S. (Sammlung Metzler. 4) – 3. neu bearb. Aufl. 1971. XLIV, 208 S.

WEIDELI, WALTER: Bertolt Brecht. Paris 1961. 163 S. (Classiques du XXe siècle. 40)

ESSLIN, MARTIN: Brecht. Das Paradox des politischen Dichters. Frankfurt

a. M. 1962. 420 S. (Bücher zur Dichtkunst) – Lizenzausg.: München 1970.
358 S. (dtv. 702)

HÖGEL, MAX: Bertolt Brecht. Ein Porträt. Augsburg 1962. 101 S.

DESUCHÉ, JACQUES: Bertolt Brecht. Paris 1963. IV, 123 S. mit Abb.

DEMANGE, CAMILLE: Bertolt Brecht. Paris 1967. 191 S.

EWEN, FREDERIC: Bertolt Brecht. His life, his art, and his times. New York
1967. 573 S. – Dt.: Bertolt Brecht. Sein Leben, sein Werk, seine Zeit. Hamburg 1970. 491 S.

HECHT, WERNER, HANS-JOACHIM BUNGE und KÄTHE RÜLICKE-WEILER: Bertolt
Brecht. Sein Leben und Werk. Berlin 1969. 333 S. (Schriftsteller der Gegenwart. Deutsche Reihe. 10)

Brecht-Chronik. Daten zu Leben und Werk. Zusammengestellt von KLAUS
VÖLKER. München 1971. 159 S. (Reihe Hanser. 74)

GRAY, RONALD: Brecht, the dramatist. Cambrigde 1976

VOELKER, KLAUS: Bertolt Brecht. Eine Biographie, München 1976

WEKWERTH, MANFRED: Brecht? Berichte, Erfahrungen, Polemik. München
1976 (Reihe Hanser. 213)

CLAAS, HERBERT: Die politische Ästhetik Bertolt Brechts. Vom Baal zum Caesar. Frankfurt a. M. 1977 (edition suhrkamp. 832)

FRADKIN, ILJA: Bertolt Brecht. Weg und Methode. 2. Aufl. Frankfurt a. M.
1977 (Reclams Universalbibliothek. Bd. 551: Sprache und Literatur)

DICKSON, KEITH A.: Towards Utopia. A study of Brecht. Oxford 1978

HECHT, WERNER (Hg.): Bertolt Brecht. Sein Leben in Bildern und Texten.
Frankfurt a. M. 1978

Brecht. Vielseitige Betrachtungen. Berlin 1978

SCHUMACHER, ERNST: Leben Brechts. In Wort und Bild. Berlin 1978

5. Periodica, Sonderhefte von Zeitschriften, Sammelbände, Aufsatzsammlungen

Arbeitskreis Bertolt Brecht. Mitteilungen und Diskussionen. Nachrichtenbrief 1 ff. Berlin 1960 ff

Brecht heute – Brecht today. Jahrbuch der Internationalen Brecht-Gesellschaft. Jg. 1 ff. Frankfurt a. M. 1971 ff

Sinn und Form. Beiträge zur Literatur. Jg. 1. Sonderheft Bertolt Brecht. Berlin
1949

Sinn und Form. Beiträge zur Literatur. Jg. 9. Zweites Sonderheft Bertolt
Brecht. Berlin 1957. 628 S.

Europe. Revue Mensuelle. Jg. 35. Nr. 133/134. Paris 1957. 276 S., Taf.

Weimarer Beiträge. Literaturwissenschaftliche Zeitschrift. Jg. 14. Brecht-Sonderheft. Berlin 1968. 222 S.

Theater der Zeit. Jg. 23. Berlin 1968. H. 7: Brecht Dialog 1968. Politik auf dem
Theater. S. 4–22 – Studien 1 (Beilage zu H. 22): Brecht auf den Bühnen der
Welt. 16 S. – Studien 2 (Beilage zu H. 23): Probleme der Brecht-Interpretation. 20 S.

Das Ärgernis Brecht. Basel 1961. 131 S. (Theater unserer Zeit. 1)

Brecht. A collection of critical essays. Ed. by PETER DEMETZ. Englewood Cliffs,
N. J. 1962. VI, 186 S.

Erinnerungen an Brecht. Zusammengestellt von HUBERT WITT. Leipzig 1964.
374 S. (Reclams Universalbibliothek. 117)

Episches Theater. Hg. von REINHOLD GRIMM. Köln 1966. 481 S. (Neue Wissenschaftliche Bibliothek. 15)

Bertolt Brecht. Bad Godesberg 1966. 57 S., 26 Taf.
Brecht-Dialog 1968. Politik auf dem Theater. Zusammenstellung und Redaktion: WERNER HECHT. Berlin 1968. 338 S., Taf. – Lizenzausg.: München 1969
Medieval epic to the «Epic theater» of Brecht. Essays in comparative literature. Ed. by ROSARIO P. ARMATO and JOHN M. SPALEK. Los Angeles 1968 (University of Southern California studies in comparative literature. 1) [Darin zu Brecht: S. 185–242]
Das deutsche Drama vom Expressionismus bis zur Gegenwart. Interpretationen hg. von MANFRED BRAUNECK. Bamberg 1970 [Darin zu Brecht: S. 114–169]
Bertolt Brecht I–II. Hg. von HEINZ LUDWIG ARNOLD. 2 Bde. München 1972–1973. 160; 228 S. (Text und Kritik. Sonderbände)
CHIARINI, PAOLO: L'avanguardia e la poetica del realismo. Bari 1961. 174 S. (Biblioteca di cultura moderna. 563) – Erw. Neuausg. u. d. T.: Brecht, Lukács e il realismo. Bari 1970. 186 S. (Universale Laterza. 141)
GRIMM, REINHOLD: Strukturen. Essays zur deutschen Literatur. Göttingen 1963 [Darin 3 Aufsätze zu Brecht: S. 197–271]
MAYER, HANS: Anmerkungen zu Brecht. Frankfurt a. M. 1965. 110 S. (edition suhrkamp. 143)
BENJAMIN, WALTER: Versuche über Brecht. Hg. und mit einem Nachwort versehen von ROLF TIEDEMANN. Frankfurt a. M. 1966. 156 S. (edition suhrkamp. 172)
LUPI, SERGIO: Tre saggi su Brecht. Milano 1966. 215 S. (Civiltà letteraria del Novecento. Sezione germanica. 1)
CASES, CESARE: Stichworte zur deutschen Literatur. Kritische Notizen. Wien 1969 [Darin 3 Aufsätze zu Brecht: S. 195–240]
KURZ, PAUL KONRAD: Über moderne Literatur. Bd. 2. Standorte und Deutungen. Frankfurt a. M. 1969 [Darin 2 Aufsätze zu Brecht: S. 33–131]
NEUMANN, PETER HORST: Der Weise und der Elefant. Zwei Brecht-Studien. München 1970. 96 S.
RICHTER, HANS: Verse, Dichter, Wirklichkeiten. Aufsätze zur Lyrik. Berlin 1970 [Darin 2 Aufsätze zu Brecht: S. 20–49; 129–157]
PRACHT, ERWIN: Bertolt Brecht über die soziale Funktion der Kunst. In: Weimarer Beiträge 15 (1969), S. 46–73
ARENDT, HANNAH: Bertolt Brecht. In: ARENDT, Walter Benjamin. Bertolt Brecht. Zwei Essays. München 1971. (Serie Piper. 12) S. 63–107
BRANDT, HELMUT: Der Kampf ums Brot als Thema und Motiv im Werke Bertolt Brechts. In: Wissenschaftliche Zeitschrift der Friedrich-Schiller-Universität Jena, gesellschafts- und sprachwissenschaftliche Reihe 20 (1971), S. 425–442
CHIARINI, PAOLO: Quattro variazioni Brechtiane. In: Studi germanici 9 (1971), S. 159–186
METSCHER, T. W. H.: Brecht and Marxist dialects. In: Oxford German Studies 6 (1971), S. 132–144
RIEDEL, MANFRED: Bertolt Brecht und die Philosophie. In: Die Neue Rundschau 82 (1971), S. 65–85
KAMNITZER, HEINZ: Brecht und das Antlitz der Literatur. In: Sinn und Form 24 (1972), S. 850–859
McLEAN, SAMMY K.: The «Bänkelsang» and the work of Bertolt Brecht. The Hague 1972. 339 S. (De proprietatibus litterarum. Series practica. 29)
BRÜGGEMANN, HEINZ: Literarische Technik und soziale Revolution. Versuche über das Verhältnis von Kunstproduktion, Marxismus und literarischer Tra-

dition in den theoretischen Schriften Bertolt Brechts. Reinbek 1973. 340 S. (das neue buch. 33)

Dyck, Joachim (Mitarb.): Brechtdiskussion. Kronberg 1974 (Scriptor Taschenbücher. 537)

Engberg, Harald: Brecht auf Fünen. Exil in Dänemark 1933–1939. Wuppertal 1974

Mews, Siegfried (Hg.): Essays on Brecht. Theater and politics. Chapel Hill 1974 (Studies in the Germanic languages and literatures. 79)

Ludwig, Karl-Heinz: Bertolt Brecht, Tätigkeit und Rezeption. Von der Rückkehr aus dem Exil bis zur Gründung der DDR. Kronberg 1976 (Monographien: Literaturwissenschaft. 31)

Mittenzwei, Werner (Hg.): Wer war Brecht? Wandlung und Entwicklung der Ansichten über Brecht. Berlin 1977

b) Einflüsse und Vergleiche

Grimm, Reinhold: Bertolt Brecht und die Weltliteratur. Nürnberg 1961. 96 S.

Mayer, Hans: Bertolt Brecht und die Tradition. Pfullingen 1961. 130 S. – Taschenbuchausg.: München 1965 (dtv. sonderreihe. 45)

Spalter, Max: Brecht's tradition. Baltimore 1967. XII, 271 S.

Witzmann, Peter: Antike Tradition im Werk Bertolt Brechts. Berlin 1964. 127 S. (Lebendiges Altertum. 15)

Dahlke, Hans: Cäsar bei Brecht. Eine vergleichende Betrachtung. Berlin 1968. 231 S.

Brandt, Thomas O.: Brecht und die Bibel. In: Publications of the Modern Language Association of America 79 (1964), S. 171–176

Fradkin, Ilja: Brecht, die Bibel, die Aufklärung und Shakespeare. In: Sowjetwissenschaft, Kunst und Literatur 13, I (1965), S. 156–175

Schumacher, Ernst: Brecht und die deutsche Klassik. Zu einigen Aspekten des theoretischen Verhältnisses. In: Wissenschaftliche Zeitschrift der Humboldt-Universität Berlin, gesellschafts- und sprachwissenschaftliche Reihe 18 (1969), S. 77–92

Sokel, Walter H.: Brechts marxistischer Weg zur Klassik. In: Die Klassik-Legende. Hg. von Reinhold Grimm und Jost Hermand. Frankfurt a. M. 1971. (Schriften zur Literatur. 18) S. 176–199

Kesting, Marianne: Brecht und der Symbolismus. Verleugnete Zusammenhänge. In: Kesting, Entdeckung und Destruktion. Zur Strukturumwandlung der Künste. München 1970. S. 223–248

Grimm, Reinhold: Brechts Anfänge. In: Aspekte des Expressionismus. Periodisierung, Stil, Gedankenwelt. Hg. von Wolfgang Paulsen. Heidelberg 1968. (Poesie und Wissenschaft. 8) S. 133–152

Sokel, Walter H.: Brecht und der Expressionismus. In: Die sogenannten zwanziger Jahre. Hg. von Reinhold Grimm und Jost Hermand. Bad Homburg v. d. H. 1970. (Schriften zur Literatur. 13) S. 47–74

Heybey, Wolfgang: Der Mensch vor der Zukunft. Eine vergleichende Betrachtung von Gedichten Gottfried Benns und Bertolt Brechts. In: Pädagogische Provinz 15 (1961), S. 337–349

Kohlhase, Norbert: Dichtung und politische Moral. Eine Gegenüberstellung von Brecht und Camus. München 1965. 286 S. (sammlung dialog. 2)

Kesting, Marianne: Brecht und Diderot oder das «paradis artificiel» der Aufklärung. In: Euphorion 64 (1970), S. 414–422 – Wiederabdruck in: Kesting, Entdeckung und Destruktion. Zur Strukturumwandlung der Künste. München 1970. S. 207–222

BUCK, THEO: Brecht und Diderot oder Über Schwierigkeiten der Rationalität in Deutschland. Tübingen 1971. VI, 152 S. (Untersuchungen zur deutschen Literaturgeschichte. 8)

FRIESE, WILHELM: Nordahl Grieg und Bertolt Brecht. In: Études germaniques 22 (1967), S. 449–461

MONECKE, WOLFGANG: Hugo von Hofmannsthal und Bertolt Brecht. Zur Genesis des Verfremdungseffekts. In: Orbis litterarum 20 (1965), S. 32–51

WULBERN, JULIAN H.: Brecht and Ionesco. Commitment in context. Urbana 1971. VI, 250 S.

SCHMIDT, KARL-HEINZ: Zur Gestaltung antagonistischer Konflikte bei Brecht und Kaiser. Eine vergleichende Studie. In: Weimarer Beiträge 11 (1965), S. 551–569

SCHÜRER, ERNST: Georg Kaiser und Bertolt Brecht. Über Leben und Werk. Frankfurt a. M. 1971. 114 S. (Schriften zur Literatur. 17)

MITTENZWEI, WERNER: Brecht und Kafka. In: Sinn und Form 15 (1963), S. 618–625

LYON, JAMES K.: Brecht's use of Kipling's intellectual property. A new source of borrowing. In: Monatshefte für deutschen Unterricht 61 (1969), S. 376–386

KROLOP, KURT: Bertolt Brecht und Karl Kraus. In: Philologica Pragensia 4 (1961), S. 95–112; 203–230

SCHRIMPF, HANS JOACHIM: Lessing und Brecht. Von der Aufklärung auf dem Theater. Pfullingen 1965. 61 S. (opuscula. 19)

HARTUNG, GÜNTER: Bertolt Brecht und Thomas Mann. Über Alternativen in Kunst und Politik. In: Weimarer Beiträge 12 (1966), S. 407–435

GRÜNINGER, HANS-WERNER: Brecht und Marlowe. In: Comparative Literature 21 (1969), S. 232–244

STEFFENSEN, STEFFEN: Brecht und Rimbaud. Zu den Gedichten des jungen Brecht. In: Zeitschrift für deutsche Philologie 84 (1965), Sonderheft, S. 82–89

PUKNAT, SIEGFRIED B.: Brecht and Schiller: Nonelective affinities. In: Modern Language Quarterly 26 (1965), S. 558–570

HARTUNG, GÜNTER: Brecht und Schiller. In: Sinn und Form 18 (1966), S. 743–766

SCHULZ, GUDRUN: Die Schillerbearbeitungen Bertolt Brechts. Eine Untersuchung literarhistorischer Bezüge im Hinblick auf Brechts Traditionsbegriff. Tübingen 1972. XI, 192 S. (Studien zur deutschen Literatur. 28)

HULTBERG, HELGE: Bert Brecht und Shakespeare. In: Orbis litterarum 14 (1959), S. 89–104

SYMINGTON, RODNEY T. K.: Brecht und Shakespeare. Bonn 1970. VII, 230 S. (Studien zur Germanistik, Anglistik und Komparatistik. 2)

NEF, ERNST: Das Aus-der-Rolle-Fallen als Mittel der Illusionszerstörung bei Tieck und Brecht. In: Zeitschrift für deutsche Philologie 83 (1964), S. 191–215

BRIDGWATER, PATRICK: Arthur Waley and Brecht. In: German Life and Letters NS. 17 (1963/64), S. 216–232

KUSSMAUL, PAUL: Bertolt Brecht und das englische Drama der Renaissance. Bern 1974 (Britische und irische Studien zur deutschen Sprache und Literatur. 2)

SCHOEPS, KARL-HEINZ: Bertolt Brecht und Bernard Shaw. Bonn 1974 (Studien zur Germanistik, Anglistik und Komparatistik. 26)

SELIGER, HELFRIED: Das Amerikabild Bertolt Brechts. Bonn 1974 (Studien zur Germanistik, Anglistik und Komparatistik. 21)

GERSCH, WOLFGANG: Film bei Brecht. Bertolt Brechts praktische und theoretische Auseinandersetzung mit dem Film. München 1975

KELLER, OTTO: Brecht und der moderne Roman. Auseinandersetzung Brechts mit den Strukturen der Romane Döblins und Kafkas. Bern 1975

ADLER, MEINHARD: Brecht im Spiel der technischen Zeit. Naturwissenschaftliche, psychologische und wissenschaftstheoretische Kategorien im Werk Bertolt Brechts. Ein Beitrag zur Literaturpsychologie. Berlin 1976

LYON, JAMES K.:Bertolt Brecht und Rudyard Kipling. Frankfurt a. M. 1976 (edition suhrkamp. 804)

PABST, HANS: Brecht und die Religion. Graz 1977

TATLOW, ANTHONY: The mask of evil. Brecht's response to the poetry, theatre and thought of China and Japan, a comparative and critical avaluation. Bern 1977 (European university papers. Ser. 1, 213)

WAGNER, GOTTFRIED: Weill und Brecht. Das musikalische Zeittheater. München 1977

SONG, YUN-YEOP: Bertolt Brecht und die chinesische Philosophie. Bonn 1978 (Abhandlungen zur Kunst-, Musik- und Literaturwissenschaft. 267)

GRIMM, REINHOLD: Brecht und Nietzsche oder Geständnisse eines Dichters. 5 Essays und ein Bruchstück. Frankfurt a. M. 1979 (edition suhrkamp. 774)

c) Zu den Gedichten

HERZFELDE, WIELAND: Der Lyriker Bertolt Brecht. In: Aufbau 7, II (1951), S. 1097–1104

PFEIFFER, JOHANNES: Über den Lyriker Bertolt Brecht. In: Die Sammlung 13 (1958), S. 225–234 – Wiederabdrucke u. d. T.: Zwischen dichterischer Wahrheit und politischer Ideologie. Über den Lyriker Bertolt Brecht. In: PFEIFFER, Was haben wir an einem Gedicht? Sechs Kapitel über Sinn und Grenze der Dichtung. Hamburg 1959. S. 97–109 – PFEIFFER, Dichten, Denken, Glauben. Ausgewählte Essays 1936 bis 1966. München 1967. (Siebenstern-Taschenbuch. 93) S. 140–155

HESELHAUS, CLEMENS: Die Masken des Bertolt Brecht. In: HESELHAUS, Deutsche Lyrik der Moderne von Nietzsche bis Yvan Goll. Die Rückkehr zur Bildlichkeit der Sprache. Düsseldorf 1961. S. 321–338

MUSCHG, WALTER: Der Lyriker Bertolt Brecht. In: MUSCHG, Von Trakl zu Brecht. Dichter des Expressionismus. München 1961. (Sammlung Piper) S. 335–365

HELWIG, WERNER: Bert Brechts Poesie und Politik. In: Merkur 16 (1962), S. 933–943

JENS, WALTER: Der Lyriker Brecht. In: JENS, Zueignungen. 11 literarische Porträts. München 1962. S. 18–30

WALTER, HANS-ALBERT: Der Dichter der Dialektik. Anmerkungen zu Brechts Lyrik aus der Reifezeit. In: Frankfurter Hefte 18 (1963), S. 532–542

MÜLLER, JOACHIM: Bertolt Brecht und sein lyrisches Lebenswerk. In: Universitas 19 (1964), S. 479–492

SCHUHMANN, KLAUS: Der Lyriker Bertolt Brecht. 1913–1933. Berlin 1964. 340 S. (Neue Beiträge zur Literaturwissenschaft. 20) – Erw. Taschenbuchausg.: München 1971. 417 S. (dtv. 4075)

BLUME, BERNHARD: Motive der frühen Lyrik Bertolt Brechts. In: Monatshefte für deutschen Unterricht 57 (1965), S. 97–112; 273–281

MÜLLER, JOACHIM: Zu einigen späten Spruchgedichten Brechts. In: Orbis litterarum 20 (1965), S. 66–81

Heselhaus, Clemens: Brechts Verfremdung der Lyrik. In: Immanente Ästhe-
tik. Ästhetische Reflexion. Lyrik als Paradigma der Moderne. Kolloquium
Köln 1964. Vorlagen und Verhandlungen. Hg. von Wolfgang Iser. Mün-
chen 1966. (Poetik und Hermeneutik. 2) S. 307–326; 518–523
Hildebrand, Alexander: Bert Brechts Alterslyrik. In: Merkur 20 (1966),
S. 952–962
Richter, Hans: Bertolt Brechts Bemerkungen zur Lyrik. In: Weimarer Beiträ-
ge 12 (1966), S. 765–785
Killy, Walther: Über Gedichte des jungen Brecht. Göttingen 1967. 29 S.
(Göttinger Universitätsreden. 51)
Schuhmann, Klaus: Seitdem hat die Welt ihre Hoffnung. In: Sinn und Form
19 (1967), S. 1169–1180
Lerg-Kill, Ulla C.: Dichterwort und Parteiparole. Propagandistische Gedich-
te und Lieder Bertolt Brechts. Bad Homburg v. d. H. 1968. 303 S.
Schwarz, Peter Paul: Legende und Wirklichkeit des Exils. Zum Selbstver-
ständnis der Emigration in den Gedichten Brechts. In: Wirkendes Wort 19
(1969), S. 267–276
Birkenhauer, Klaus: Die eigenrhythmische Lyrik Bertolt Brechts. Theorie
eines kommunikativen Sprachstils. Tübingen 1971. VI, 143 S. (Studien zur
deutschen Literatur. 25)
Krusche, Dietrich: Dialektik des Wissens. Die Lehr- und Lerngedichte Bertolt Brechts. In: Der Deutschunterricht 23 (1971), H. 1, S. 21–35
Schwarz, Peter Paul: Brechts frühe Lyrik. 1914–1922. Nihilismus als Werk-
zusammenhang der frühen Lyrik Brechts. Bonn 1971. V, 208 S. (Abhand-
lungen zur Kunst-, Musik- und Literaturwissenschaft. 111)
Steffensen, Steffen: Bertolt Brechts Gedichte. Kopenhagen 1972. 144 S. (Ko-
penhagener germanistische Studien 2)
Benjamin, Walter: Kommentare zu Gedichten von Brecht. In: Benjamin,
Schriften. Bd. 2. Frankfurt a. M. 1955. S. 351–372 – Wiederabdrucke in:
Aufbau 12 (1956), S. 815–830 – Interpretationen. Hg. von Jost Schille-
meit. Bd. 1. Deutsche Lyrik von Weckherlin bis Benn. Frankfurt a. M. 1965.
(Fischer Bücherei. 695) S. 308–325
Klotz, Volker: Schlechte Zeit für Lyrik. Zu Gedichten von Bertolt Brecht. In:
Klotz, Kurze Kommentare zu Stücken und Gedichten. Darmstadt 1962.
(Hessische Beiträge zur deutschen Literatur. 10) S. 70–79
Interpretationen zur Lyrik Brechts. Beiträge eines Arbeitskreises. München
1971. 163 S. (Interpretationen zum Deutschunterricht)
Schöne, Albrecht: Bertolt Brecht, Erinnerung an die Marie A. In: Die deut-
sche Lyrik. Form und Geschichte. Interpretationen. Hg. von Benno von
Wiese. Bd. 2 Von der Spätromantik bis zur Gegenwart. Düsseldorf 1956.
S. 485–494
Haase, Horst: Bertolt Brechts «Erziehung der Hirse» und Fragen der Perspek-
tive. In: Weimarer Beiträge 4 (1958), Sonderheft, S. 65–74 – Wiederab-
druck in: Kritik in der Zeit. Der Sozialismus, seine Literatur, ihre Entwick-
lung. Hg.: Klaus Jarmatz. Halle 1970. S. 444–453
Baumgärtner, Klaus: Interpretation und Analyse. Brechts Gedicht «Die Lite-
ratur wird durchforscht werden». In: Sinn und Form 12 (1960), S. 395–415
– Wiederabdruck in: Literaturwissenschaft und Linguistik. Ergebnisse und
Perspektiven. Hg.: Jens Ihwe. Bd. 2, 1. Frankfurt a. M. 1971. (Ars poetica.
Texte. 8) S. 549–568
Spaethling, Robert H.: Bertolt Brecht and the Communist Manifesto. In:
Germanic Review 37 (1962), S. 282–291 [«Das Manifest»]
Bunge, Hans-Joachim: Das «Manifest» von Bertolt Brecht. Notizen zur Ent-

stehungsgeschichte. In: Sinn und Form 15 (1963), S. 184–203

JAKOBSON, ROMAN: Der grammatische Bau des Gedichts von B. Brecht «Wir sind sie». In: Beiträge zur Sprachwissenschaft, Volkskunde und Literaturforschung. Wolfgang Steinitz zum 60. Geburtstag. Berlin 1965. (Veröffentlichungen der Sprachwissenschaftlichen Kommission. 5) S. 175–189

ERCK, A., und K. GRÄF: Bertolt Brechts Gedicht «Die Nachtlager». In: Weimarer Beiträge 13 (1967), S. 228–245

MORLEY, MICHAEL: The source of Brecht's «Abbau des Schiffes Oskawa durch die Mannschaft». In: Oxford German Studies 2 (1967), S. 149–162

SÖLLE, DOROTHEE: Bertolt Brechts Weihnachtsgedichte interpretiert im Zusammenhang seiner lyrischen Theorie. In: Euphorion 61 (1967), S. 84–103

BRÄUTIGAM, KURT: Moderne deutsche Balladen. Versuche zu ihrer Deutung. Frankfurt a. M. 1968. 100 S. [Darin zu 5 Gedichten von Brecht.]

GRIMM, REINHOLD: Marxistische Emblematik. Zu Bertolt Brechts «Kriegsfibel». In: Wissenschaft als Dialog. Studien zur Literatur und Kunst seit der Jahrhundertwende. Hg. von RENATE VON HEYDEBRAND und KLAUS GÜNTHER JUST. Stuttgart 1969. S. 351–379 mit 12 Taf.

MORLEY, MICHAEL: «Progress ist the law of life». Brecht's poem «Die Internationale». In: German Life and Letters NS. 23 (1969/70), S. 255–268

Bertolt Brechts Hauspostille. Beiheft hg. von KLAUS SCHUHMANN. Frankfurt a. M. 1970. 53 S. (Faksimile-Drucke deutscher Literatur)

TATLOW, ANTHONY: Towards an understanding of Chinese influence in Brecht. An interpretation of «Auf einen chinesischen Theewurzellöwen» and «Legende von der Entstehung des Buches Taoteking». In: Deutsche Vierteljahrsschrift für Literaturwissenschaft und Geistesgeschichte 44 (1970), S. 363–387

MORLEY, MICHAEL: An investigation and interpretation of two Brecht poems. In: Germanic Review 46 (1971), S. 5–25 [«Apfelböck oder Die Lilie auf dem Felde»; «Sonett Nr. 1»]

REY, WILLIAM H.: Hohe Lyrik im Bordell: Bertolt Brechts Gedicht «Die Liebenden». In: Monatshefte für deutschen Unterricht 63 (1971), S. 1–18

MORLEY, MICHAEL: Brecht's «Beim Lesen des Horaz»: an interpretation. In: Monatshefte für deutschen Unterricht 63 (1971), S. 322–328

WEISSTEIN, ULRICH: «Apfelböck oder Die Lilie auf dem Felde»: Zur Interpretation eines Gedichtes aus Bertolt Brechts «Hauspostille». In: German Quarterly 45 (1972), S. 295–310

SCHUHMANN, KLAUS: Untersuchungen zur Lyrik Brechts. Themen, Formen, Weiterungen Berlin–Weimar 1973

TATLOW, ANTHONY: Brechts chinesische Gedichte. Frankfurt a. M. 1973 [Text der Gedichte in chines. u. teilw. engl. Sprache]

MARSCH, EDGAR: Brecht-Kommentar zum lyrischen Werk. München 1974

PIETZCKER, CARL: Die Lyrik des jungen Brecht. Vom anarchistischen Nihilismus zum Marxismus. Frankfurt a. M. 1974

SCHWARZ, PETER P.: Lyrik und Zeitgeschichte. Brecht, Gedichte über das Exil und späte Lyrik. Heidelberg 1978 (Literatur und Geschichte. 12)

d) Zu den Dramen und zur Theatertheorie

SCHUMACHER, ERNST: Die dramatischen Versuche Bertolt Brechts 1918–1933. Berlin 1955. 597 S. (Neue Beiträge zur Literaturwissenschaft. 3)

FRADKIN, ILJA: Bertolt Brecht – ein Realist und Aufklärer. In: Sowjetwissenschaft, Kunst und Literatur 4, I (1956), S. 359–375

ZWERENZ, GERHARD: Aristotelische und Brechtsche Dramatik. Versuch einer ästhetischen Wertung. Rudolstadt 1956. 85 S. (Wir diskutieren. 5)

RÜHLE, JÜRGEN: Brecht und die Dialektik des epischen Theaters. In: RÜHLE, Das gefesselte Theater. Vom Revolutionstheater zum Sozialistischen Realismus. Köln 1957. S. 195–251 – Wiederabdruck in: RÜHLE, Theater und Revolution. Von Gorki bis Brecht. München 1963. (dtv. 145) S. 159–195

HÜTT, WOLFGANG: Bertolt Brechts episches Theater und Probleme der bildenden Kunst. In: Wissenschaftliche Zeitschrift der Martin-Luther-Universität Halle-Wittenberg, gesellschafts- und sprachwissenschaftliche Reihe 7 (1957/58), S. 821–841 mit Abb.

MANN, OTTO: B. B. – Maß oder Mythos? Ein kritischer Beitrag über die Schaustücke Bertolt Brechts. Heidelberg 1958. 119 S.

SCHÖNE, ALBRECHT: Bertolt Brecht. Theatertheorie und dramatische Dichtung. In: Euphorion 52 (1958), S. 272–296

MÜLLER, JOACHIM: Dramatisches und episches Theater. Zur ästhetischen Theorie und zum Bühnenwerk Bertolt Brechts. In: Wissenschaftliche Zeitschrift der Friedrich-Schiller-Universität Jena, gesellschafts- und sprachwissenschaftliche Reihe 8 (1958/59), S. 365–382

HINCK, WALTER: Die Dramaturgie des späten Brecht. Göttingen 1959. 172 S. (Palaestra. 229) – 5. Aufl. 1971. 177 S.

IHERING, HERBERT: Bertolt Brecht und das Theater. Berlin 1959. 64 S. mit Abb. (Rembrandt-Reihe Bühne und Film. 13)

KESTING, MARIANNE: Das epische Theater Bertolt Brechts. Theorie und Drama. In: KESTING, Das epische Theater. Zur Struktur des modernen Dramas. Stuttgart 1959. (Urban-Bücher. 36) S. 57–88

WILLETT, JOHN: The theatre of Bertolt Brecht. A study from eight aspects. London 1959. 272 S. – Dt.: Das Theater Bertolt Brechts. Eine Betrachtung. Reinbek 1964. 270 S. (Rowohlt Paperback. 32)

BÖCKMANN, PAUL: Provokation und Dialektik in der Dramatik Bert Brechts. Krefeld 1961. 35 S. (Kölner Universitätsreden. 26)

GEISSLER, ROLF: Bertolt Brecht. In: Zur Interpretation des modernen Dramas. Brecht, Dürrenmatt, Frisch. Hg. von ROLF GEISSLER. Frankfurt a. M. 1961. S. 11–66

GOLDHAHN, JOHANNES: Das Parabelstück Bertolt Brechts. Als Beitrag zum Kampf gegen den deutschen Faschismus, dargestellt an den Stücken «Die Rundköpfe und die Spitzköpfe» und «Der aufhaltsame Aufstieg des Arturo Ui». Rudolstadt 1961. 168 S. (Wir diskutieren. 7)

HOLTHUSEN, HANS EGON: Dramaturgie der Verfremdung. Eine Studie zur Dramentechnik Bertolt Brechts. In: Merkur 15 (1961), S. 520–542

SINGERMAN, BORIS: Das Brecht-Theater. In: Sowjetwissenschaft, Kunst und Literatur 9,I (1961), S. 523–536; 626–641

HECHT, WERNER: Brechts Weg zum epischen Theater. Beitrag zur Entwicklung des epischen Theaters 1918–1933. Berlin 1962. 170 S.

HULTBERG, HELGE: Die ästhetischen Anschauungen Bertolt Brechts. Kopenhagen 1962. 232 S.

KAUFMANN, HANS: Bertolt Brecht. Geschichtsdrama und Parabelstück. Berlin 1962. 301 S. (Germanistische Studien.)

MITTENZWEI, JOHANNES: Brechts Kampf gegen die kulinarische Musik. In: MITTENZWEI, Das Musikalische in der Literatur. Ein Überblick von Gottfried von Straßburg bis Brecht. Halle 1962. S. 427–462

MITTENZWEI, WERNER: Bertolt Brecht. Von der «Maßnahme» zu «Leben des Galilei». Berlin 1962. 423 S. – 2. Aufl. 1965. 431 S.

177

EMMEL, HILDEGARD: Experiment über Moral: Bert Brecht. In: EMMEL, Das Gericht in der deutschen Literatur des 20. Jahrhunderts. Bern 1963. S. 36–55

GEISSLER, ROLF: Brecht als Pädagoge. In: Pädagogische Rundschau 17 (1963), S. 932–942

HENNENBERG, FRITZ: Dessau – Brecht. Musikalische Arbeiten. Berlin 1963. 551 S.

HOFFMANN, CHARLES W.: Brecht's humor. Laughter while the shark bites. In: Germanic Review 38 (1963), S. 157–166

STRELKA, JOSEPH: Bertolt Brecht. Die Realisation von Ideen-Parabeln. In: STRELKA, Brecht, Horváth, Dürrenmatt. Wege und Abwege des modernen Dramas. Wien 1962. S. 5–70

KUHNERT, HEINZ: Zur Rolle der Songs im Werk von Bertolt Brecht. In: Neue Deutsche Literatur 11 (1963), H. 3, S. 77–100

WEISSTEIN, ULRICH: From the dramatic novel to the epic theater. A study of the contemporary background of Brecht's theory and practice. In: Germanic Review 38 (1963), S. 257–271

WIESE, BENNO VON: Der Dramatiker Bertolt Brecht. Politische Ideologie und dichterische Wirklichkeit. In: WIESE, Zwischen Utopie und Wirklichkeit. Studien zur deutschen Literatur. Düsseldorf 1963. S. 254–275

SCHÄRER, BRUNO: Bertolt Brechts Theater. Sprache und Bühne. Zürich 1964. 133 S.

SCHOTTLAENDER, RUDOLF: Brecht und die Moralisten. In: Weimarer Beiträge 10 (1964), S. 860–871

SURKOW, J.: Der Weg zu Brecht. In: Sowjetwissenschaft, Kunst und Literatur 13,II (1965), S. 1133–1150; 1920–1304

BRANDT, THOMAS O.: Bertolt Brecht und sein Amerikabild. In: Universitas 21 (1966), S. 719–734

RISCHBIETER, HENNING: Bertolt Brecht. 2 Bde. Velber b. Hannover 1966. 161; 123 S. (Friedrichs Dramatiker des Welttheaters 13. 14)

RÜLICKE-WEILER, KÄTHE: Die Dramaturgie Brechts. Theater als Mittel der Veränderung. Berlin 1966. 286 S. mit Abb.

BRONSEN, DAVID: «Die Verhältnisse dieses Planeten» in Brechts frühen Stücken. In: Festschrift für Bernhard Blume. Aufsätze zur deutschen und europäischen Literatur. Hg. von EGON SCHWARZ, HUNTER G. HANNUM und EDGAR LOHNER. Göttingen 1967. S. 348–366

CHIARINI, PAOLO: Bertolt Brecht. Saggio sul teatro. Bari 1967. XV, 313 S.

FRADKIN, ILJA: Die «Bearbeitungen» von Bertolt Brecht. In: Sowjetwissenschaft, Kunst und Literatur 16,I (1968), S. 159–170

GLODNY-WIERCINSKI, DOROTHEA: Marginalien zu Bertolt Brechts «Kleinem Organon für das Theater». In: Deutsche Vierteljahrsschrift für Literaturwissenschaft und Geistesgeschichte 42 (1968), S. 662–676

LYONS, CHARLES R.: Bertolt Brecht. The despair and the polemic. Carbondale 1968. XXI, 165 S. (Crosscurrents. Modern critiques)

JENDREIEK, HELMUT: Bertolt Brecht. Drama der Veränderung. Düsseldorf 1969. 399 S.

POHL, RAINER: Strukturelemente und Entwicklung von Pathosformen in der Dramensprache Bertold [sic!] Brechts. Bonn 1969. IX, 192 S. (Bonner Arbeiten zur deutschen Literatur. 20)

ROLLKA, BODO: Willkür oder Polemik? Zur Terminologie des jungen Brecht. In: Deutsche Beiträge zur geistigen Überlieferung 6 (1970), S. 184–199

ROSENBAUER, HANSJÜRGEN: Brecht und der Behaviorismus. Bad Homburg v. d. H. 1970. 101 S.

WAGNER, PETER: Das Verhältnis von «Fabel» und «Grundgestus» in Bertolt Brechts Theorie des epischen Theaters. In: Zeitschrift für deutsche Philologie 89 (1970), S. 601–615

DNEPROW, W.: Die revolutionäre Moral Brechts. In: Sowjetwissenschaft, Kunst und Literatur 19,I (1971), S. 172–188; 280–294

ANGERMEYER, HANS CHRISTOPH: Zuschauer im Drama. Brecht, Dürrenmatt, Handke. Frankfurt a. M. 1971. 144 S. (Literatur und Reflexion. 5)

QURESHI, QAYUM: Pessimismus und Fortschrittsglaube bei Bert Brecht. Köln 1971. 189 S. (Literatur und Leben. NF. 15)

SOKEL, WALTER H.: Brechts gespaltene Charaktere und ihr Verhältnis zur Tragik. In: Tragik und Tragödie. Hg. von VOKMAR SANDER. Darmstadt 1971. (Wege der Forschung. 108) S. 381–396

SOKEL, WALTER H.: Figur – Handlung – Perspektive. Die Dramentheorie Bertolt Brechts. In: Deutsche Dramentheorien. Beiträge zu einer historischen Poetik des Dramas in Deutschland. Bd. 2. Frankfurt a. M. 1971. S. 548–577. Hg. von REINHOLD GRIMM.

KNUST, HERBERT, und CHRISTINE SAHAYDA: Der junge Brecht als Exorzist. In: German Quarterly 45 (1972), S. 20–32

STEINWEG, REINER: Das Lehrstück. Brechts Theorie einer politisch-ästhetischen Erziehung. Stuttgart 1972. XIV, 282 S. (Metzler Studienausgabe)

SCHUMACHER, ERNST: Brecht als Objekt und Subjekt der Kritik. Der junge Brecht als Theaterkritiker. In: Weimarer Beiträge 19 (1973), H. 2, S. 46–77

GERSCH, WOLFGANG: Brechts Texte für Filme. In: Neue Deutsche Literatur 17 (1969), H. 12, S. 105–128

LYON, JAMES K.: Bertolt Brecht's Hollywood years: the dramatist as film writer. In: Oxford German Studies 6 (1971), S. 145–174

MANTLE, RODNEY: Bertolt Brechts «Galgei» – an early dramatic fragment. In: Monatshefte für deutschen Unterricht 63 (1971), S. 380–385

EKMAN, BJØRN: Bert Brecht, vom «Baal» aus gesehen. In: Orbis litterarum 20 (1965), S. 3–18

STEER, W. A. J.: «Baal». A key to Brecht's communism. In: German Life and Letters NS. 19 (1965/66), S. 40–51

SCHMIDT, DIETER: «Baal» und der junge Brecht. Eine textkritische Untersuchung zur Entwicklung des Frühwerks. Stuttgart 1966. VIII, 167 S. (Germanistische Abhandlungen. 12)

GOLDSTEIN, BLUMA: Bertolt Brecht's «Baal». A crisis in poetic existence. In: Festschrift für Bernhard Blume. Aufsätze zur deutschen und europäischen Literatur. Hg. von EGON SCHWARZ, HUNTER G. HANNUM und EDGAR LOHNER. Göttingen 1967. S. 333–347

KAUFMANN, HANS: Drama der Revolution und des Individualismus. Brechts Drama «Trommeln in der Nacht». In: Weimarer Beiträge 7 (1961), S. 316–331

STERN, GUY: Brechts «Trommeln in der Nacht» als literarische Satire. In: Monatshefte für deutschen Unterricht 61 (1969), S. 241–259

KESTING, MARIANNE: Die Groteske vom Verlust der Identität. Bertolt Brechts «Mann ist Mann». In: Das deutsche Lustspiel. Hg. von HANS STEFFEN. Tl. 2. Göttingen 1969. (Kleine Vandenhoeck-Reihe. 277 S.) S. 180–199

ONDERDELINDEN, J. W.: Brechts «Mann ist Mann». Lustspiel oder Lehrstück? In: Neophilologus 54 (1970), S. 149–166

TOLKSDORF, CÄCILIE: John Gays «Beggar's Opera» und Bert Brechts «Dreigroschenoper». Rheinberg 1934. 79 S.

HARTUNG, GÜNTHER: Zur epischen Oper Brechts und Weills. In: Wissenschaftliche Zeitschrift der Martin-Luther-Universität Halle-Wittenberg, gesellschafts- und sprachwissenschaftliche Reihe 8 (1958/59), S. 659–673

FREY, DANIEL: Les ballades de François Villon et le «Dreigroschenoper». In: Études de lettres sér. 2,4 (1961), S. 114–136

WEISSTEIN, ULRICH: Brecht's Victorian version of Gay. Imitation and originality in the «Dreigroschenoper». In: Comparative Literature Studies 7 (1970), S. 314–334

VOSS, MANFRED: Bertolt Brecht: Der Ja- und der Neinsager. In: Der Deutschunterricht 21 (1969), H. 2, S. 54–63

GRIMM, REINHOLD: Ideologische Tragödie und Tragödie der Ideologie. Versuch über ein Lehrstück von Brecht. [«Die Maßnahme».] In: Zeitschrift für deutsche Philologie 78 (1959), S. 394–424 – Wiederabdrucke in: Interpretationen. Hg. von JOST SCHILLEMEIT. Bd. 2. Deutsche Dramen von Gryphius bis Brecht. Frankfurt a. M. 1965. (Fischer Bücherei. 699) S. 309–339 – Tragik und Tragödie. Hg. von VOLKMAR SANDER. Darmstadt 1971. (Wege der Forschung. 108) S. 237–278

RÜLICKE, KÄTHE: Die heilige Johanna der Schlachthöfe. Notizen zum Bau der Fabel. In: Sinn und Form 11 (1959), S. 429–444

WAGNER, PETER: Bertolt Brechts «Die heilige Johanna der Schlachthöfe». Ideologische Aspekte und ästhetische Strukturen. In: Jahrbuch der Deutschen Schillergesellschaft 12 (1968), S. 493–519

MÜLLER, GERD: Brechts «Heilige Johanna der Schlachthöfe» und Schillers «Jungfrau von Orleans». Zur Auseinandersetzung des modernen Theaters mit der klassischen Tradition. In: Orbis litterarum 24 (1969), S. 182–200

BERENDSOHN, WALTER A.: Bertolt Brecht, Die heilige Johanna der Schlachthöfe. Struktur- und Stilstudie. In: Colloquia Germanica 4 (1970), S. 46–61

LAZAROWICZ, KLAUS: Herstellung einer praktikablen Wahrheit. Zu Brechts «Die Ausnahme und die Regel». In: Literaturwissenschaftliches Jahrbuch NF. 1 (1960), S. 237–258

REICH, BERNHARD: Gorki und Brecht. Über Gorkis Roman und die künstlerischen Eigenarten seiner Dramatisierung durch Brecht. [«Die Mutter».] In: Sowjetwissenschaft, Kunst und Literatur 11 (1963), S. 849–861

WEISSTEIN, ULRICH: Two measures for one. Brecht's «Die Rundköpfe und die Spitzköpfe» and its Shakespearean model. In: Germanic Review 43 (1968), S. 24–39

ROHRMOSER, GÜNTER: Brecht, Das Leben des Galilei. In: Das deutsche Drama. Vom Barock bis zur Gegenwart. Interpretationen. Hg. von BENNO VON WIESE. Bd. 2. Düsseldorf 1958. S. 401–415

SCHUMACHER, ERNST: Brechts «Galilei». Form und Einfühlung. In: Sinn und Form 12 (1960), S. 510–530

HAFEN, HANS: Bertolt Brecht «Leben des Galilei». In: Der Deutschunterricht 13 (1961), H. 4, S. 71–92

BRINKMANN, KARL: Erläuterungen zur Bertolt Brechts «Leben des Galilei». Hollfeld 1964. 78 S. (Wilhelm Königs Erläuterungen zu den Klassikern. 293)

SCHUMACHER, ERNST: Drama und Geschichte. Bertolt Brechts «Leben des Galilei» und andere Stücke. Berlin 1965. 523 S. mit Abb.

ZIMMERMANN, WERNER: Brechts «Leben des Galilei». Interpretation und didaktische Analyse. Düsseldorf 1965. 57 S. (Beihefte zum Wirkenden Wort. 12) – 2. erg. Aufl. 1970. 63 S.

SZCZESNY, GERHARD: Das Leben des Galilei und der Fall Bertolt Brecht.

Frankfurt a. M. 1966. 212 S. (Dichtung und Wirklichkeit. 5)

KÄSTNER, HELGA: Brechts «Leben des Galilei». Zur Charakterdarstellung im epischen Theater. München 1968. XI, 200 S.

LUCKE, HANS: Schulpraktischer Kommentar zu Brechts «Leben des Galilei». In: Der Deutschunterricht 20 (1968), H. 3, S. 67–84

MENNEMEIER, FRANZ NORBERT: Brecht, Mutter Courage und ihre Kinder. In: Das deutsche Drama. Vom Barock bis zur Gegenwart. Interpretationen. Hg. von BENNO VON WIESE. Bd. 2. Düsseldorf 1958. S. 383–400

WÖLFEL, FRIEDRICH: Bertolt Brecht. Das Lied der Mutter Courage. In: Wege zum Gedicht. Hg. von RUPERT HIRSCHENAUER und ALBRECHT WEBER. Bd. 2. Interpretationen von Balladen. München 1963. S. 537–549

BRINKMANN, KARL: Erläuterungen zu Bertolt Brechts «Mutter Courage», «Der kaukasische Kreidekreis». Hollfeld 1961. 76 S. (Wilhelm Königs Erläuterungen zu den Klassikern. 277)

HILFRICH, WALTER: Bertolt Brecht, Das Verhör des Lukullus. In: Pädagogische Provinz 21 (1967), S. 273–288

LAU, FRANZ: Bertolt Brecht und Luther. Ein Versuch der Interpretation des «Guten Menschen von Sezuan». In: Luther-Jahrbuch 29 (1962), S. 92–109

GRIMM, REINHOLD: Bertolt Brecht, «Der gute Mensch von Sezuan». In: Germanistik in Forschung und Lehre. Vorträge und Diskussionen des Germanistentages in Essen, 1964. Hg. von RUDOLF HENSS und HUGO MOSER. Berlin 1965. S. 184–191

BRÄUTIGAM, KURT: Bertolt Brecht, «Der gute Mensch von Sezuan». München 1966. 90 S. (Interpretationen zum Deutschunterricht)

SPEIDEL, E.: Brecht's «Puntila». A marxist comedy. In: Modern Language Review 65 (1970), S. 319–332

PFRIMMER, EDOUARD: Brecht et la parodie: «Arturo Ui». In: Études germaniques 26 (1971), S. 73–88

PETR, PAVEL: Bertolt Brechts «Schweyk im zweiten Weltkrieg». In: PETR, Hašeks «Schweyk» in Deutschland. Berlin 1963. (Neue Beiträge zur Literaturwissenschaft. 19) S. 143–176

HOFFMANN, CHARLES W., und JOHN B. FUEGI: Brecht, Schweyk and commune-ism. In: Festschrift für Detlev W. Schumann zum 70. Geburtstag ... hg. von ALBERT R. SCHMITT. München 1970. S. 337–349

GEISSLER, ROLF: Versuch über Brechts «Kaukasischen Kreidekreis». Klassische Elemente in seinem Drama. In: Wirkendes Wort 9 (1959), S. 93–99 – Wiederabdruck in :Wirkendes Wort, Sammelband 4 (1962), S. 356–361

STEER, W. A. J.: The thematic unity of Brecht's «Der kaukasische Kreidekreis». In: German Life and Letters NS. 21 (1967/68), S. 1–10

HARTUNG, GÜNTER: Brechts Stück «Die Tage der Commune». In: Weimarer Beiträge 18 (1972), H. 2, S. 106–144

DIECKMANN, FRIEDRICH: «Die Tragödie des Coriolan». Shakespeare im Brecht-Theater. In: Sinn und Form 17 (1965), S. 463–489

HOFFMEIER, DIETER: Notate zu Bertolt Brechts Bearbeitung von Shakespeares «Coriolan» zur Bühnenfassung und zur Inszenierung des Berliner Ensembles. In: Shakespeare-Jahrbuch (Weimar) 103 (1967), S. 177–195

KLEINSTÜCK, JOHANNES: Bertolt Brechts Bearbeitung von Shakespeares «Coriolanus». In: Literaturwissenschaftliches Jahrbuch NF. 9 (1968), S. 319–332

GIESE, PETER C.: Das Gesellschaftlich-Komische. Zu Komik und Komödie am Beispiel der Stücke und Bearbeitungen Brechts. Stuttgart 1974

HECHT, WERNER (Hg.): Brecht im Gespräch. Diskussion, Dialoge, Interviews. Frankfurt a. M. 1975 (edition suhrkamp. 771)

LUDWIG, KARL-HEINZ: Bertolt Brecht. Philosophische Grundlagen und Implikationen seiner Dramaturgie. Bonn 1975 (Abhandlungen zur Kunst-, Musik- und Literaturwissenschaft. 177)

SCHUMACHER, ERNST: Brecht, Theater und Gesellschaft im 20. Jahrhundert. 21 Aufsätze. 2. Aufl. Berlin 1975

SUBIOTTO, ARRIGO: Bertolt Brecht's adaptations for the Berliner Ensemble. London 1975

FEILCHENFELDT, KONRAD: Bertolt Brecht: «Trommeln in der Nacht». Materialien, Abb., Kommentar. München 1976 (Reihe Hanser. 203: Literatur-Kommentare. 2)

SCHUMACHER, ERNST: Brecht-Kritiken. Berlin 1977

VOIGTS, MANFRED: Brechts Theaterkonzeptionen. Entstehung und Entfaltung bis 1931. München 1977

WEBER, BETTY NANCE: Brechts «Kreidekreis», ein Revolutionsstück. Eine Interpretation. Mit Texten aus dem Nachlaß. Erstausg. Frankfurt a. M. 1978 (edition suhrkamp. 928)

BUCK, THEO (Hg.): Zu Bertolt Brecht. Parabel und episches Theater. Stuttgart 1979 (Literaturwissenschaft, Gesellschaftswissenschaft. 41)

KNOPF, JAN: Brecht-Handbuch Theater. Eine Ästhetik der Widersprüche. Stuttgart 1980

e) Zur Prosa

ZIMMERMANN, WERNER: Bertolt Brecht: Der Augsburger Kreidekreis – «Lehrstück» oder Dichtung? In: Der Deutschunterricht 10 (1958), H. 6, S. 86–100 – Wiederabdrucke: ZIMMERMANN, Deutsche Prosadichtungen der Gegenwart. Interpretationen für Lehrende und Lernende. Tl. 3. Düsseldorf 1961. S. 72–92 – ZIMMERMANN, Deutsche Prosadichtungen unseres Jahrhunderts. Interpretationen für Lehrende und Lernende. Bd. 1. Düsseldorf 1966. S. 375–392

LINNENBORN, HELMUT: Bertolt Brecht: Die unwürdige Greisin. In: Der Deutschunterricht 10 (1958), H. 6, S. 100–107

SCHWIMMER, HELMUT: Bertolt Brecht, «Kalendergeschichten». Interpretationen zum Deutschunterricht. München 1963. 124 S. (Interpretationen zum Deutschunterricht)

MILFULL, JOHN: Herr Keuner und Herr Brecht. In: Germanic Review 43 (1968), S. 188–200

WIRTH, ANDRZEJ: Stufen des kritischen Realismus. Dargestellt an Bertolt Brechts «Dreigroschenroman». In: Neue Deutsche Literatur 5 (1957), H. 8, S. 121–131

BENJAMIN, WALTER: Brechts Dreigroschenroman. In: Weimarer Beiträge 12 (1966), S. 436–445 – Wiederabdruck in: Deutsche Literaturkritik der Gegenwart. Hg. von HANS MAYER. [Tl. 1.] Stuttgart 1971. (Neue Bibliothek der Weltliteratur) S. 132–143

BUONO, FRANCO: Una «Inquiry» di Brecht: «Der Dreigroschenroman». In: Studi germanici 9 (1971), S. 119–158

MOTEKAT, HELMUT: Bertolt Brechts «Flüchtlingsgespräche». In: Orbis litterarum 20 (1965), S. 52–65

BUONO, FRANCO: Zur Prosa Brechts. Aufsätze. Frankfurt a. M. 1973 (Suhrkamp Taschenbuch. 88)

MÜLLER, KLAUS-DETLEF: Brecht-Kommentar zur erzählenden Prosa. München 1980

f) Wirkungsgeschichte

WEKWERTH, MANFRED: Notate. Über die Arbeit des Berliner Ensembles 1956 bis 1966. Frankfurt a. M. 1967. 195 S. (edition suhrkamp. 219)

NIESSEN, CARL: Brecht auf der Bühne. Köln 1959. 102 S. mit zahlr. Abb.

Brecht auf dem Welttheater. In: Theater heute 3 (1962), H. 7, S. 22–35 mit Abb.

MÜLLER, ANDRÉ: Kreuzzug gegen Brecht. Die Kampagne in der Bundesrepublik 1961/62. Berlin 1962. 126 S. – Lizenzausg.: Darmstadt 1964

MAYER, HANS: Brecht und die Folgen im Deutschen Drama. In: MAYER, Zur deutschen Literatur der Zeit. Zusammenhänge, Schriftsteller, Bücher. Reinbek 1967. S. 279–289 – Wiederabdruck in: MAYER, Deutsche Literatur seit Thomas Mann. Reinbek 1968. (rororo 1063) S. 28–39

WEKWERTH, MANFRED: Das Theater Brechts 1968. Versuche – Behauptungen – Fragen. In: Sinn und Form 20 (1968), S. 542–570

MITTENZWEI, WERNER: Brecht und kein Ende oder das Ende der Brecht-Bewegung? In: Sinn und Form 20 (1968), S. 571–584

KERN, EDITH: Brecht's popular theater and its American popularity. In: Modern Drama 1 (1958), S. 157–165

WEISSTEIN, ULRICH: Brecht in America. A preliminary survey. In: Modern Language Notes 78 (1963), S. 373–396

HIMELSTEIN, MORGAN Y.: The pioneers of Bertolt Brecht in America. In: Modern Drama 9 (1966), S. 178–189

SMITH, R. D.: Bert Brecht. Ein Bericht aus England. In: Geist und Zeit 1957, H. 4, S. 19–30

ESSLIN, MARTIN: Brecht und das englische Theater. In: Schweizer Monatshefte 47 (1967), S. 1084–1094

WEISE, WOLF-DIETRICH: Die «Neuen englischen Dramatiker» in ihrem Verhältnis zu Brecht (unter besonderer Berücksichtigung von Wesker, Osborne und Arden). Berlin 1969. 241 S. (Frankfurter Beiträge zur Anglistik und Amerikanistik. 3)

HAHNLOSER-INGOLD, MARGRIT: Das englische Theater und Bert Brecht. Die Dramen von W. H. Auden, John Osborne, John Arden in ihrer Beziehung zum epischen Theater von Bert Brecht und den gemeinsamen elisabethanischen Quellen. Bern 1970. 281 S. (Schweizer anglistische Arbeiten. 61)

GISSELBRECHT, ANDRÉ: Brecht in Frankreich. In: Sinn und Form 20 (1968), S. 997–1007

HÜFNER, AGNES: Brecht in Frankreich 1930–1963. Verbreitung, Aufnahme, Wirkung. Stuttgart 1968. XII, 278 S. (Germanistische Abhandlungen. 22)

RNJAK, DUSAN: Bertolt Brecht in Jugoslawien. Marburg 1972. XI, 102 S., Abb. (Marburger Beiträge zur Germanistik. 39)

HARTMANN, KARL: Bert Brecht auf den polnischen Bühnen. In: Osteuropa 10 (1960), S. 771–778

WIRTH, ANDRZEJ: Brecht in Polen. In: Akzente 12 (1965), S. 394–403

GAJEK, KONRAD: Bertolt Brechts Stücke auf polnischen Bühnen. In: Weimarer Beiträge 16 (1970), H. 11, S. 203–209

RÜLICKE-WEILER, KÄTHE: «Seitdem hat die Welt ihre Hoffnung». Brecht in der UdSSR. In: Neue Deutsche Literatur 16 (1968), H. 2, S. 7–28

VAJDA, GYÖRGY MIHÁLY: Zur Wirkungsgeschichte der deutschen sozialistischen Literatur in Ungarn. Johannes R. Becher und Bertolt Brecht. In: Studien zur Geschichte der deutsch-ungarischen literarischen Beziehungen. Hg. von LEOPOLD MAGON [u. a.]. Berlin 1969. S. 453–489

NAMENREGISTER

QUELLENNACHWEIS DER ABBILDUNGEN

Besonderer Dank sei Herrn Professor Dr. Walter Brecht ausgesprochen, der uns einige Bilder aus Familienbesitz überließ.
Ullstein: 6, 24, 33, 37, 42, 43, 44/45, 46, 48, 54, 55, 56, 57, 59, 60, 62, 69, oben, 69 unten, 108, 121, 125 oben, 129 und Umschlagrückseite, 133, 151 / Willy Saeger: 81, 82, 89, 90, 93, 94, 98/99, 100, 105, 123, 126, 130 und Umschlagvorderseite / Professor Dr. Walter Brecht: 8 links, 8 rechts, 9, 12, 15, 16, 18/19, 34, 40 / Theaterwissenschaftliches Archiv Dr. Steinfeld: 26/27, 38, 50, 65 / Kurt Kläber: 71, 72, 78 / dpa: 137 oben, 137 unten / Zentralbild/ Ulmer: 145, 148 / Georg Birzele, Augsburg: 10, 11 / Süddeutscher Verlag: 23 / Österreichische Nationalbibliothek: 30 / DEWAG, Berlin: 39 / Rosemarie Clausen: 67 / Photo Fred Fehl, New York: 115 / Caspar Neher: 125 unten / Keystone: 134 / Gottfried von Einem: 140/141 / Rowohlt Archiv: 84

rowohlts monographien

in Selbstzeugnissen
und Bilddokumenten
Herausgegeben
von Kurt und Beate
Kusenberg

Betrifft: Geschichte

rowohlts
mono-
graphien

in Selbstzeugnissen
und Bilddokumenten
Herausgegeben
von Kurt und Beate
Kusenberg

Betrifft: Geschichte

rowohlts bild-mono-graphien

bildmono rororo graphien

Herausgegeben
von Kurt und Beate
Kusenberg
Jeder Band mit etwa
70 Abbildungen,
Zeittafel,
Bibliographie und
Namenregister.

Betrifft: Musik

rowohlts bild-mono-graphien

bildmono rororo graphien

Herausgegeben von Kurt und Beate Kusenberg
Jeder Band mit etwa 70 Abbildungen, Zeittafel, Bibliographie und Namenregister.

Betrifft: Musik